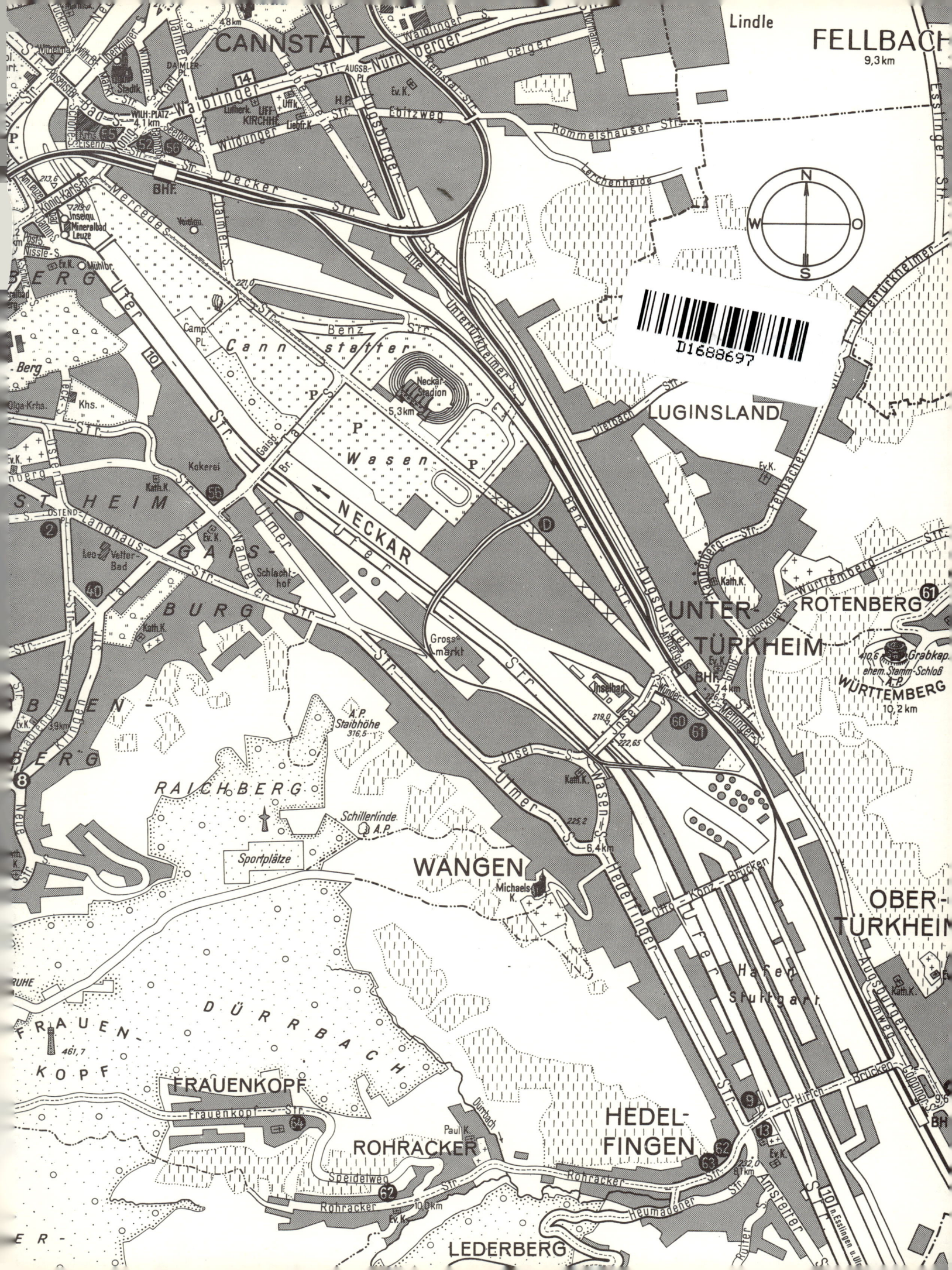

Peter Lahnstein
Alexander Schwertner
Stuttgart

Verlag W. Kohlhammer Stuttgart

Alle Rechte vorbehalten
© 1973 Verlag W. Kohlhammer GmbH
Stuttgart Berlin Köln Mainz
Verlagsort: Stuttgart
Umschlag: hace
Gesamtherstellung: W. Kohlhammer GmbH
Grafischer Großbetrieb Stuttgart
Printed in Germany
ISBN 3-17-210161-4

Inhalt

Geleitwort	7
Stuttgart (English Summary)	9
Stuttgart (Résumé français)	12
Der Standort	15
Älteste und alte Zeit	21
Neuere Geschichte	41
Die Stadt heute und morgen	73
Tafelteil	80

Bildnachweis

Stadtarchiv Stuttgart	17, 31, 37, 43, 47, 53, 65, 67, 69, 75, 77
Landesbildstelle Württemberg	23, 27, 35, 45, 49, 55, 59, 61
Holtmann, Stuttgart	86/87
Luftbild Brugger, Stuttgart, Nr. 2/35 738	146/147
Schwertner, Stuttgart	alle übrigen

Geleitwort

Eine Stadt, über die in den letzten Jahrzehnten so viele Bücher geschrieben worden und so zahlreiche Bildbände entstanden sind, muß offensichtlich viele reizvolle und gute Seiten haben. Lebendige Stadtorganismen bieten viele und interessante Eigenschaften, die insgesamt oder im einzelnen den Charakter und das unverwechselbare Besondere unter ihresgleichen ausmachen. Der literarische Reflex einer Stadt ist zugleich ein Gradmesser ihrer Lebensqualität und Attraktivität.

Literat, Schriftsteller und künstlerischer Photograph gewinnen einer Stadt andere Aspekte ab, als sie der engagierte Kommunalpolitiker in täglicher Aufgabe zu meistern hat. Was dem einen sympathisches Charakteristikum und typische Eigenart ist, kann sich dem Kommunalpolitiker als Hypothek, Schwierigkeit oder Problem darstellen. Was dem Mann der Feder zu liebenswerter Milieuschilderung gerät, kann dem im harten Alltagsgeschäft verpflichteten Kommunalpolitiker Hindernis sein, sich von der Vergangenheit und Gegenwart zugunsten zukunftsgerechter Entwicklung zu lösen. Aber gerade dem Kommunalpolitiker, der in der Verantwortung steht, und den Mitbürgern, die sich um das Wohl ihrer Stadt sorgen, in der sie leben und die sie für die Zukunft ihrer Kinder lebenswert machen und erhalten möchten, muß der historische Hintergrund und das über Generationen gewachsene Bild und Milieu in literarisch und künstlerisch aufbereiteter Darstellung bewußt bleiben, um ihre Verantwortung in der Gegenwart zwischen den Polen Tradition und Zukunft angemessen und realistisch beurteilen und sehen zu können. Eine Stadt, deren Geschichte bis ins erste Jahrtausend zurückreicht, hat statische und dynamische Epochen. Jedwede Zeit hat ihre Bedeutung für das Werden und Wachsen einer Stadt. Die Bedeutung und Besonderheit, wie sie sich in der Gegenwart spiegeln, aufgezeigt zu bekommen, ist ein besonderer Gewinn, zumal, wenn sich dieser Aufgabe ein Mann der Feder mit gründlichem historischem Wissen widmet, der nicht nur politisches, sondern auch literatur- und geistesgeschichtliches Geschehen zu berücksichtigen vermag. Peter Lahnstein ist ein Schriftsteller solcher Art, der zudem in seinen historischen Milieuschilderungen und Epochengemälden mit plastischer Anschaulichkeit das Bild der Menschen einer Stadt in ihrer Zeit und das Zusammenleben einer Bürgergemeinschaft unter ihren jeweiligen historisch-politischen, kulturellen und wirtschaftlichen Bedingungen aufzuzeigen imstande ist. Daß aus der Historie der Wechsel in die Gegenwart gelingt und somit das Verständnis für die aus der Tradition gewachsene Gegenwart vertieft wird, ist der begrüßenswerte Gewinn einer solchen Darstellung.

Der literarische Eindruck verstärkt sich, wenn ein Photograph von eigenwilliger Sicht und mit dem Blick für die charakteristische Besonderheit einer Stadtlandschaft von der natürlichen Schönheit, wie sie Stuttgart geschenkt ist, die architektonischen, städtebaulichen und strukturbestimmenden Züge einer Stadt optisch zu erfassen und ins attraktive Bild zu rücken vermag.

Daß der Kohlhammer-Verlag das Bild einer Stadt, so wie es in Jahrhunderten geworden ist, wie es sich in der Gegenwart ihren Bürgern und Hunderttausenden von Besuchern im Wechsel der Jahreszeiten und in seiner Vielseitigkeit zeigt, durch Objektiv und Feder den Bürgern dieser Stadt und ihren Freunden zum Angebot macht, ist ein Verdienst, wie es sich in einer Verlagsstadt, was Stuttgart auch und wesentlich ist, sympathisch und sinnvoll ausnimmt.

Stuttgart, im Juli 1973

Dr. Klett

Stuttgart

Stuttgart is the capital of Baden-Württemberg and, besides Frankfurt and Munich, with its 630,000 inhabitants one of the most important cities in Southern Germany. The city center is located in a valley relatively close to the river Neckar, but its outskirts also extend beyond the other side of the river and on to the hills surrounding the city. This changing and attractive picture of the city arises from its location on various steep and soft hills, wide and narrow valleys, where numerous citizens of Stuttgart live in very nice surroundings and enjoy a view out of their windows which you cannot even find in many a holiday resort. On the other hand the traffic has to struggle with many natural hazards and an extremely high number of traffic problems exist in this highly-motorized town. The many factories do, however, not disturb the picture of the city. In some suburbs, where most of the factories are located, gardens, vineyards and forests give the scenery friendly aspects. In the historical center of the city you can find very nice squares and places but hardly any building of great historical importance and not many very modern buildings, too. But there is one exception – the television tower – which has become the model for similar towers all over the world.

Stuttgart's industry is strongly export-orientated. Besides the old and well-known names of Bosch, Daimler-Benz and Bleyle you will also find new ones like IBM and SEL. This commercial and industrial town which is also famous for its many publishing houses, has, nevertheless, a very significant cultural life. The Opera and the Theatre are well-known all over the world and the Ballet was associated for years with John Cranko. The musical life of the town, above all the chamber orchestra and the choir are celebrated everywhere.

Stuttgart was founded in later medieval times. It soon became residence of the rulers of Baden-Württemberg, who gave the name to the country and ruled it for more than half a millennium. In the beginning these rulers were earls, then from about 1500 dukes and from 1806 to 1918 they were kings. In the beginning Stuttgart was a very small residence consisting of a water-castle (which can still be seen in the "Old Castle") and the small town with its citizens and vinedressers. For centuries, vineyards were the main income source of the town, all hills in the vicinity were covered with vineyards. Only during the Age of Renaissance the town became more pleasantly looking: the Old Castle received its final shape which has not been changed up to now, nice pavilions were built in parks and gardens for courtly pleasures. The Thirty Years' War reduced its glamour and eradicated the modest riches of the people. The following wars of Ludwig XIV did not allow a new beginning. Only in the second half of the 18th century Stuttgart's struggle against poverty and misery ended and the town flourished again. The "New Castle" was built. For some years Stuttgart received an academy, independent of the University of Tübingen, called the "Hohe Karls-Schule" according to its founder and promoter. Its most famous graduates were Friedrich Schiller and Georges

Cuvier from Montbéliard, which for a long time was linked with Baden-Württemberg. Later on Cuvier was a high-ranking person in the French school system and he perhaps could make good use of his experiences from the academy in Stuttgart.

When Napoleon I "adjusted" the map of Europe, Württemberg first became dukedom, then electorate and finally kingdom. For about one century Stuttgart was royal residence, but it was a very small and quiet one. Life at court was modest, even conservative, but it was a pleasant town to live in. Now, at the end of the 19th century, the town began to extend from the valley to the surrounding slopes and hills. Not many foreigners came to visit it..., once the emperors of Russia and France met here and were taken to the Cannstatter Volksfest (National Festival of Cannstatt) by the King of Württemberg. French poets visited the town, i.e. Victor Hugo and later Baudelaire and Rimbaud, who celebrated together and who later had violent arguments. Some years later André Gide made a visit to Stuttgart, too. Turgenew repeatedly came over from Baden-Baden to visit an old and quiet poet: Eduard Mörike. Hans Christian Andersen met Stuttgart's publishers and admired the Schiller monument created by one of his natives, Thorwaldsen, who some time later wrote a story about this monument.

The industrialisation of Württemberg, developed and promoted according to detailed planning (and carried out not without government-covered industrial espionage in Northern Germany, Belgium and England) paid off in the 20th century and makes Stuttgart a prosperous city. During the 19th century many emigrants from Württemberg immigrated to Southern Russia, later on especially to the northern parts of the United States, and created numerous congenial and commercial links to these countries.

World War I handicapped reconstruction and prosperity, the air-raids of the Second World War destroyed the town and left it a depopulated and ruined desert. Reconstruction took place, against all expectations, in a relatively short time. Reconstruction aids from the USA played an important role in doing so — and today Stuttgart is richer than ever before and has to cope with all sorts of problems resulting from abundance, dense traffic and guest-workers, who come from all countries between Portugal and Turkey.

Today almost everybody travels everywhere and thus Stuttgart is visited continuously by visitors from all over the world. Most of them are in a great hurry and conduct business in one of the hotels in the vicinity of the airport, — in hotels, which are as good as any others somewhere in Detroit or Sydney — and after some hours these businessmen take the next plane. What piece of advise shall we give to those, who are able to spend some days in Stuttgart? One could perhaps enjoy the panorama of the city, could drive to one of the surrounding hills, or better, have a local driver take him there and then stop and go for a walk. Perhaps he should visit the "Wilhelma" (a zoo and a botanic garden) which is a former castle site dating back to the last century and which is built in moorish style. It was the toy of a king, but today it houses one of the most original zoos. Among other things the visitor will find greenhouses, aquariums and terrariums of a strange beauty. Furthermore he should buy a ticket for a concert, for the Opera or the Ballet, and if he should happen to go outside on one of the balconies of the opera-house from which he could watch the fountain in the theatre lake spraying high into the sky and the sparkling lights on the surrounding heights – then he will see that Stuttgart is a beautiful city.

Stuttgart

Stuttgart est la capitale du land Baden-Wurtemberg et, avec ses 630.000 habitants, la ville la plus importante de l'Allemagne du Sud après Munich et Francfort. Le noyau de la ville est situé dans une cuvette, un peu à l'écart du Neckar; avec ses faubourgs, il atteint et dépasse le Neckar pour recouvrir les hauteurs avoisinantes. Le passage de collines aux pentes douces à des collines abruptes, de vallées étroites à des vallées larges compose un paysage urbain varié et attrayant; de nombreux habitants de Stuttgart ont, de leurs fenêtres, un panorama magnifique que bien des lieux de villégiature ne peuvent offrir. Par ailleurs, la circulation automobile doit lutter contre des obstacles naturels, si bien que les problèmes de trafic et les contrariétés qui en résultent pour cette ville tellement «motoriseé» sont énormes. L'importante industrie de la ville ne frappe pas tellement le visiteur. Dans quelques faubourgs où les usines dominent, les jardins, les vignobles et les forêts adoucissent l'image générale. Sur le plan historique, la ville a de beaux sites mais pas de monuments d'une importance artistique primordiale; les constructions et architectures modernes ne sont pas non plus fantastiques – à l'exception de la tour de télévision qui a servi de modèle à des tours analogues du monde entier.

L'industrie de Stuttgart est fortement orientée vers l'exportation. A côté des vieux noms Bosch, Daimler-Benz, Bleyle, il y a des nouveaux, comme IBM et SEL. Mais cette ville industrielle et commerciale, qui est aussi un centre d'édition remarquable, possède une vie artistique très intéressante. L'opera et le spectacle occupent une place pilote; le ballet, lié pendant des années au nom de John Cranko, possède une renommée mondiale; la musique y est très à l'honneur: un orchestre de musique de chambre et une chorale jouissent d'une réputation universelle.

Stuttgart s'est formée à la fin du Moyen-Age. Elle est devenue très tôt le lieu de résidence de la famille Wurtemberg qui a gouverné le pays du même nom pendant plus d'un demi-siècle: des comtes, à partir de l'année 1500 des ducs et enfin de 1806 à 1918 des rois. Au début, c'était une toute petite résidence: un châtelet sur un lac (ce qu'on peut reconnaître encore dans le «Altes Schloß»), flanqué d'une petite ville étroite de bourgeois et de vignerons. La viticulture a nourri Stuttgart durant des siècles, tous les coteaux l'entourant étaient couverts de vignobles. C'est la Renaissance qui a conféré à la ville une apparence plus intéressante: le vieux château (Altes Schloß) a été alors conçu comme il est maintenant, des bâtiments de plaisance ont été créés dans les jardins et les parcs pour les jeux de la Cour. La Guerre de Trente Ans a terni cet éclat et détruit ces modestes richesses; les guerres suivantes de Louis XIV ne permirent pas de recommencement. C'est seulement dans la seconde moitié du XVIIIe siècle que Stuttgart se relèvera de sa pauvreté. On y construit le nouveau château (Neues Schloß). Pour un bref laps de temps, Stuttgart possède, indépendamment de l'université de Tubingen, une académie éminente qui s'appelle la Karls-Schule, d'après le nom des seigneurs et fondateurs. Les élèves les plus célèbres étaient Friedrich Schiller et Georges Cuvier (originaire de Montbéliard, longtemps liée au Wurtemberg); Cuvier assuma plus tard de hautes fonctions dans l'enseignement français et il a probablement profité alors des expériences qu'il avait acquises à la Stuttgarter Akademie.

Lorsqu'il corrigea la carte de l'Europe, Napoléon Ier arrondit le Wurtemberg et le duc devint électeur puis roi. Pendant un siècle, Stuttgart fut alors résidence royale, mais l'une des plus petites et des plus paisibles. La cour était modeste, assez bourgeoise, mais il faisait bon vivre dans cette ville qui, désormais, vers la fin du XIXe siècle, s'éleva lentement de la dépression aux hauteurs. Assez peu d'étrangers la visitèrent... mais les empereurs de Russie et de France s'y sont rencontrés une fois et le roi de Wurtemberg les a emmenés à la fête populaire (Volksfest). Des poètes français ont visité la ville: Victor Hugo, plus tard, Baudelaire et Rimbaud qui ont bu ensemble pour se battre ensuite; plus tard encore André Gide. Tourgueniev venait quelquefois de Baden-Baden pour rendre visite à un vieux poète tranquille: Eduard Mörike. Hans Christian Andersen a eu des pourparlers avec des éditeurs de Stuttgart et a admiré la statue de Schiller, œuvre de son compatriote Thorwaldsen, sur laquelle il a écrit une histoire.

L'industrialisation du Wurtemberg, développée et promue systématiquement (non sans espionnage industriel effectué sous le patronage de l'Etat, en Allemagne du Nord, Belgique et Angleterre) a porté ses fruits au XXe siècle, faisant de Stuttgart une ville riche. Une forte émigration du Wurtemberg, qui a eu lieu au XIXe siècle d'abord à destination de la Russie méridionale puis, plus tard, vers l'Amérique du Nord, a établi nombre de liens familiaux mais aussi commerciaux avec les Etats-Unis.

La première guerre mondiale a entravé le développement et la prospérité; les bombardements aériens de la seconde guerre mondiale ont défiguré la ville, laissant derrière eux un désert de ruines d'où presque toute vie semblait disparue. Le redressement s'est réalisé à une rapidité dépassant toutes les espérances – le secours des Etats-Unis a été naturellement de la plus grande importance. Aujourd'hui Stuttgart est plus riche qu'elle ne l'a jamais été, mais elle est aux prises avec tous les graves problèmes résultant de l'opulence, de la circulation automobile très dense et des travailleurs immigrées de tous les pays, du Portugal à la Turquie.

De nos jours, presque tout un chacun se déplace, et ainsi Stuttgart accueille continuellement des visiteurs du monde entier. La plupart d'entre eux sont terriblement pressés; certains effectuent leurs transactions à proximité de l'aéroport dans un hôtel qui pourrait tout aussi bien être situé à Detroit ou à Sidney; quelques heures plus tard, ils reprennent l'avion pour la direction opposée. Que conseiller à celui qui se réserve un peu de temps pour Stuttgart? Il devrait jouir du panorama de la ville, il devrait se rendre sur les hauteurs – on mieux encore, s'y faire conduire par un autochtone, rouler, mais s'arrêter aussi de temps à autre pour faire une petite promenade. Peut-être porrait-il aussi visiter la Wilhelma, un château et ses jardins en style mauresque datant du siècle dernier, le jouet d'un roi, et qui héberge aujourd'hui l'un des jardins zoologiques les plus originaux. C'est là qu'il pourra découvrir entre autres des serres, des aquariums et des terrariums de toute beauté. Il devrait se procurer un billet pour un concert, un spectacle d'opéra ou de ballet. Et lorsqu'il sortira peut-être à l'entracte, qu'il contemplera le jet d'eau illuminé du lac caressant la cime sombre des arbres et les lumières qui scintillent sur toutes les hauteurs de la ville, il se dira que Stuttgart est une bien belle ville.

Der Standort

Der Neckar, der nach den Worten Hölderlins die Mitte des Landes pflügt, macht im oberen Teil seines Laufs eine ausgeprägte Krümmung, indem er an Tübingen vorbei und noch ein gutes Stück nach Nordosten fließt und sich dann bei der Einmündung der Fils scharf nach Nordwesten wendet, ziemlich geradeaus bis Cannstatt. Durch diesen Neckarbogen wird eine Art Plateau von Süden und Osten umflossen und begrenzt, das nach Westen und Norden gegen die Gäulandschaften abgesetzt ist. Das so umrissene Terrain, etwa vom Umfang eines mittleren Landkreises, umfaßt im Nordosten, in den Ellenbogen des Neckartals geschmiegt, die fruchtbare Filderebene; den Südwesten bedecken die Schönbuchwälder und ihre Ausläufer, die westlich an den Fildern vorbei, in ansehnliche Hügellandschaften verzweigt, gegen das Neckartal bei Cannstatt vorstoßen.

Hier, in einer eiförmigen Mulde, die von Höhenzügen umfaßt ist, die sich gegen den Neckar strecken, mit einer schmalen Öffnung in das Flußtal, ist die Stadt Stuttgart entstanden. Die wichtigeren Römerstraßen, mit einem Knotenpunkt auf einem Hügel über dem Neckar, etwas außerhalb und nördlich der erwähnten Öffnung, haben diese Mulde gemieden. Eine wichtige Poststraße im alten Deutschen Reich zog, von Augsburg und Ulm her und durch das Filstal herab von Plochingen bis Cannstatt am Neckar entlang, über die Brücke, die das rechts- und linksseitige Cannstatt verbindet, und dann, den Stuttgarter Talkessel links liegen lassend, in nördlicher und nordwestlicher Richtung dem Kraichgau und dem Rhein zu. Die Eisenbahnen im 19. Jahrhundert, deren wichtigster Strang, von München zum Oberrhein, ungefähr dem Zug der alten Poststraße folgte – die Eisenbahnen wurden in den Talkessel hineinbugsiert, hineingezogen, damit der Bahnhof in einer für schicklich befundenen Nähe zum königlichen Residenzschloß stünde. Der richtige Platz dafür hätte im Bereich jenes Römerstraßen-Knotenpunkts, jenes Reiterkastells gelegen, wo vor dem ersten Weltkrieg die Kaserne eines württembergischen Dragonerregiments stand; heute ist dort ein amerikanischer Truppenplatz. Die Autobahnen des 20. Jahrhunderts umziehen den Talkessel in weitem Abstand; anders als die alten Straßen und die Eisenbahnen schicken sie sich nicht mehr ins Neckartal, sie überqueren es. Der Flughafen liegt, topographisch richtig, auf der Filderhochebene.

Von Natur war die eiförmige Mulde zum Aushecken einer Stadt, und gar einer Hauptstadt, nicht bestimmt; um so mehr der Platz Cannstatt, im breiten Neckartal und linksseitig auf sanften, aber beherrschenden Hügeln, was neben geringeren Köpfen, die das gleiche gedacht und gesagt haben, den großen Leibniz zu der Empfehlung an Württembergs Herren bewogen hat, sie möchten ihre Residenz und Kapitale an diesem prädestinierten Platz errichten. Die Entwicklung der Stadt Stuttgart hat sich also gegen die topographischen Gegebenheiten, wenn man so will: gegen die Natur und gegen die Vernunft vollzogen, und erst in unserem Jahrhundert ist die Stadt durch umfassende Eingemeindungen, vor allem die Einbeziehung Cannstatts, aus ihrer Talenge hinausgewachsen, was übrigens bis heute nichts daran geändert hat, daß das Zentrum des öffentlichen, kulturellen und geschäftlichen Lebens im Talkessel verblieben ist.

Fassen wir den Platz der alten Stadt, den heutigen inneren Stadtbereich, genauer ins Auge. „Übrigens dürfen wir das Stuttgarter Thalbecken nicht als eine vollständige Ebene, sondern als eine, durch das Zurücktreten der bedeutenderen Hügelzüge veranlaßte Erweiterung betrachten, in welcher sich zwei Ausläufer des Hasenbergs allmälig verflachen. Die zwischen den beiden Ausläufern hinziehenden Thäler des Nesenbachs und des Vogelsangbachs vereinigen sich in dem oberen Schloßgarten, und dort erst erhält die eigentliche Thalebene ihre größte Breite. Die Stadt selbst aber liegt theils auf dem flachen Ausläufer des von der sogenannten Röthe allmälig sich verflachenden, durch die obere Stadt (Bollwerk) hinziehenden Bergrückens, theils auf dem von der Reinsburg auslaufenden, über die Eberhardsstraße sich hinziehenden Flachrücken, theils in der zwischen beiden Flachrücken sich hinziehenden, vom Feuersee herführenden Mulde, in der hauptsächlich die alte (innere) Stadt ihre Stelle gefunden hat. Die tiefste Rinne dieser Mulde zieht über den Marktplatz gegen den Dorotheenplatz und vereinigt sich ebenfalls in dem oberen Schloßgarten mit dem Nesenbach-Thale. Letzteres hat seinen Zug der Hauptstätterstraße usw. entlang, während das Vogelsang-Thälchen an der nördlichen Seite der Stadt vorüber, über die Seewiesen bis zu dem oberen Schloßgarten zieht. Der südliche Stadttheil zieht sich noch an den Ausläufern des Bopsers und der oberen Heusteig hinan und hat daher eine leicht gegen Norden geneigte Lage. Innerhalb des in neuerer Zeit sehr erweiterten Stadt-Etters sind diese Thalzüge durch Auffüllungen und Bauten ziemlich unmerklich geworden." Diese Feststellung, sie findet sich in der „Beschreibung des Stadtdirektions-Bezirks Stuttgart", 1856 herausgegeben von dem königlichen statistisch-topographischen Bureau, ist von unübertrefflicher Präzision. Freilich ist die Gestaltung der Oberfläche in der dicht und vielstöckig bebauten Talmulde heute vollends „unmerklich" geworden; und doch nicht ganz: blickt man im Morgen- und Abendlicht von den Höhen in die innere Stadt, so zeichnen sich im schrägen Licht, oder durch Nebelstreifen markiert, auch heute noch die auslaufenden Höhenzüge, die Vertiefungen und Schwellen ab.

Die bald sanft, bald ziemlich steil gegen die Talmulde abfallenden waldbedeckten Hügel, aus der Hochebene der Filder zwischen einzelnen Kuppen, Bopser, Frauenkopf, absinkend; der Hasenberg mit seinen langgestreckten Ausläufern, der Birkenkopf, der gekrümmte Höhenzug zwischen dem engen Feuerbacher Tal und dem weiten Talkessel; sie bilden mit ihren Buchten, Tälern, Klingen ein Bild, das im Rundgang des Tageslichtes, im Wechsel der Jahreszeiten und des Wetters von beglückender Vielfalt ist. Die geringste Veränderung des Standpunkts, nach einem Gang von wenigen Minuten, verschiebt die Perspektive, Aspekte und Prospekte.

Hügel und Talkessel sind zumeist Teile einer Keuperlandschaft – Keupermergel, Keupersandstein, Stubensandstein; nur von der Filderebene her und an wenigen anderen Stellen zeigen sich Lias-Formationen. Das ursprüngliche Pflanzenkleid war der Wald, der auf den Höhen heute noch höchst wohltätig vorherrscht. Wald, und zwar durchaus Laubwald, hauptsächlich Eichenwald, sowohl auf den trockenen Höhen und den darin eingeschnittenen Bachtälern, als auch im

Ansicht aus dem Städtebuch von Francesco Valegio, Radierung um 1593 nach J. Sauter

Panorama of the city from the "Städtebuch" by Francesco Valegio, etching from about 1593 by J. Sauter.

Vue extraite du Livre des Villes de Francesco Valegio, eau-forte datant de 1593 environ, d'après J. Sauter.

Talkessel, in seinen ursprünglich sumpfigen Niederungen. Wenig Nadelhölzer ursprünglich, in rauhen Höhenlagen auf geringen Böden etwas Forchen und Wacholder. Tanne und Fichte sind in der Neuzeit von der Obrigkeit herangezogen worden, in größerem Umfang erst im 18. Jahrhundert.

Wir haben die engere Topographie betrachtet, ein wenig im Humus gestochert. Betrachten wir uns nun die Lage des Platzes von oben. Der ziemlich spitze Winkel zweier Gebirgszüge, des Schwarzwalds und der Alb, aus dem heraus der junge Neckar seinen Lauf nimmt, hat sich hier, im Bereich des Neckarbogens, geweitet. Die Gebirge treten zurück, bleiben aber noch in sichtbarer Entfernung: die Alb, die nach Südosten den Horizont wahrhaft architektonisch begrenzt, bei klarem Wetter in den Morgen- und Mittagsstunden eine in blauen Tinten gefärbte Mauer, gegen Abend, besonders an hellen Sommerabenden plastisch gegliedert mit eingekerbten Tälern, schräg gestaffelten Felswänden, vorgeschobenen Kuppen und Pyramiden – „besonnte Felsen, alte Wolkenstühle". Der Schwarzwald, der sein Gebirgspanorama über der Rheinebene auftürmt, erscheint hier, von seiner Rückseite betrachtet, die sich abflachend in die Gäulandschaften verliert, nur als eine breite und tiefe Waldmasse. Mit seiner hohen und langgezogenen Traufe gegen die Rheinebene fängt er die vom Westen, vom Atlantik über Frankreich herantreibenden Wolken auf, schlitzt ihnen die regenschwangeren Bäuche auf und läßt es auf seinen dicken Pelz von Wäldern hinabgießen, daß die Moospolster sich vollsaugen und die Bäche überschäumend eilen, den Überfluß in breitere Betten zu tragen. Östlich des Schwarzwalds also weniger Niederschläge, in den meisten Jahren aber immer noch genug.

Treten wir, vor der Landkarte stehend, einen Schritt zurück. Der Oberrhein von Basel bis Mainz und die Donau von ihrem Ursprung bis Regensburg wiederholen, in größerem Abstand, den spitzen Winkel, den zwischen ihnen Schwarzwald und Alb bilden. Die geometrische Figur darf nicht über eine wichtige Ungleichheit täuschen. Der Oberrhein bildet in seinem breiten und langen Graben eine Landschaft von hoher wirtschaftlicher und kultureller Bedeutung, trotz stammesmäßiger Verschiedenheit der Bevölkerung im Süden und im Norden, trotz zeitweilig heftigster politischer Verwerfungen von einer gewissen Geschlossenheit (Goethe spricht einmal vom „paradiesischen Rheintal ... als einem ausgebreiteten, wohlgelegenen Vaterlande") – dabei ein Durchlaß wichtigster europäischer Verbindungswege, durch die burgundische Pforte zum Rhonetal, durch das Binger Loch rheinabwärts in die Niederlande, über Frankfurt und durch die Wetterau ins mittlere, nördliche und östliche Deutschland. – Die junge Donau dagegen bildet keine bedeutende Stromlandschaft aus. Keine namhaften Verkehrswege ziehen parallel zum Strom. Viele Brücken führen aber hinüber, die Straßen laufen auf die Alpen zu, zielen auf die Pässe die nach Italien hinüber führen. Hinter der Donau weiß man das Hochgebirge, und dahinter Venedig, Mailand, Rom. Die Richtung auf Wien und weiter zum Schwarzen Meer nimmt die Donau erst in Regensburg.

Was besagen nun diese geographischen Meditationen für unser Thema: Stuttgart? Sie machen deutlich, wie weit die wichtigen alten Straßen, die belebten Handelswege an dieser Landschaft vorbeigezogen sind. Die einzige bedeutende Straße, jene alte Poststraße von Augsburg über Cannstatt zum Rhein, ist eigentlich nur eine Querspange zwischen großen Straßenzügen, denen, die von Norden über die Alpen nach Italien ziehen, und denen, die wie gebündelte Kabel durch den oberrheinischen Graben gelegt sind. Der Stuttgarter Talkessel liegt abseits auch dieser einen relativ wichtigen Straße. Bedenken wir dazu, daß dieses mittlere Neckarland außer mineralischen Quellen keine nennenswerten Bodenschätze aufweist. Was bleibt? Ein wohltätiges Klima. Genug Wasser. Ziemlich guter Boden. Nicht mehr, nicht weniger.

Genug, um nicht zu viele Menschen, wenn sie fleißig den Boden bebauten, zu ernähren, ihnen Brot und sogar Wein zu schaffen. Daß aber hier ein Staatswesen von einiger politischer Bedeutung, eine Landschaft von hohem kulturellem Rang und ein blühendes Wirtschaftsgebiet sich entwickeln konnte, mit einer Kapitale in landschaftlich reizvoller Lage, aber arg in die Enge geklemmt – dazu mußte Außerordentliches geschehen.

Älteste und alte Zeit

Wie alle vom Mittelmeer abgelegenen Teile Europas hat unser Land keine sehr weit zurückreichende Geschichte. Dicke Nebel liegen über der Frühzeit, wie sie damals reichlicher als heute über dem Waldland und den versumpften Tälern lagen. Ohne Menschen freilich war es nicht. Wo die Wälder lichter waren, offene Landschaft sich auftat, Heiden, breite Täler mit trockenem Land neben den nassen Auwäldern, da suchten sich schweifende Horden ihre Rastplätze, blieben eine Weile und ließen ihre Herden weiden. Unstet und flüchtig; weit her. Wenn Hölderlin in seinen vaterländischen Gedichten und Phantasien jenseits des mit der Seele gesuchten Griechenland, jenseits von Helikon und Parnaß und den Inseln des Lichts Asia wie eine Urheimat beschwört, das Schwarze Meer, den Kaukasus, so liegt darin, auf die dunkle Frühzeit unseres Landes bezogen, halbbewußt oder unbewußt, eine ungefähre Wahrheit. Von dort sind wahrscheinlich Menschen an den Neckar gezogen, die Vor- und Frühgeschichtlicher lesen es aus den Verzierungen mehr als dreitausendjährigen Topfscherben.

> Wie Vögel langsam ziehen —
> Es blicket voraus
> Der Fürst und kühl wehen
> An die Brust ihm die Begegnisse, wenn
> Es um ihn schweiget, hoch
> In der Luft, reich glänzend hinab
> Das Gut ihm liegt der Länder, und mit ihm sind
> Das erstemal siegforschend die Jungen.
> Er aber mäßiget mit
> Der Fittige Schlag.

Diese Hölderlinverse klingen wie eine Traumerinnerung an früheste Zeiten. Geschehen vor der Geschichte.

Bodenfunde beweisen, daß um die Mitte des ersten vorchristlichen Jahrtausends die Kelten im Land seßhaft waren, wahrscheinlich als die ersten, die hier und da das Land bebaut haben. Kultur heißt Landbebauung. Die schön gearbeiteten Grabbeigaben, Schmuck und Waffen, die sie ihren toten Herren auf die ungewisse Reise mitgegeben haben, zeugen von ihrer Kunstfertigkeit, aber auch von Handelsverbindungen zu den Mittelmeerkulturen. Man kann höchstens vereinzelte keltische Wohnstätten in dem sumpfigen, waldigen und von dichten Wäldern umkränzten Talkessel vermuten; sicher haben sie einen Reit- und Fußweg benutzt, der von der Feuerbacher Heide quer durch die Talsenke zum Bopser führte. Ungefähr 90 Jahre nach Christi Geburt, unter der Regierung des Kaisers Domitian, rückten die Römer von ihrer Garnison Straßburg aus über den Rhein und an den Neckar. Sie bauten im linksseitigen Cannstatt das schon erwähnte Kastell, befestigten die Hügel auf dem linken Neckarufer und zogen zwei geradlinige Straßen nach Straßburg und Speyer. Die neue Garnison wurde mit einer Ala gepanzerter Berittener belegt, „schwere Reiter". Etwa 60 Jahre später, also zur Zeit des Kaisers Antoninus Pius, wird die Grenzbefestigung vom Neckar weg etwas tiefer ins Barbarenland gerückt, auf die Linie, die uns als der Limes bekannt ist. Die Garnisonen werden vorverlegt; um das Kastell Cannstatt herum, nun, wenn auch nicht eben tief, im Hinterland, entstehen in weitem Umkreis Gutshöfe, stattliche Anlagen mit dem zivilisatorischen

Komfort, der den Römern damals selbstverständlich geworden war, Bädern und Fußbodenheizung. Verständlicherweise haben die Römer nicht ausgerottet, was sie an spärlicher Bevölkerung angetroffen hatten; sie brauchten die Leute dringend als Hilfskräfte in ihrem Troß (im Jargon des zweiten Weltkriegs nannte man solche Männer „Hiwis"), als Bäcker und Metzger, als Steinbrucharbeiter und Töpfer, späterhin als Knechte, Mägde, Heizer, Gärtner auf ihren Gütern, sie brauchten die Weiber, und die strammsten Kerle mußten Soldat werden. So haben wir uns ums Jahr 200 herum das Leben im heutigen Cannstatt und einigen Landstrichen an Neckar und Rems als römisches Provinzleben an der Militärgrenze vorzustellen – bei allen Unterschieden von Klima, Landschaft und angesessener Bevölkerung ziemlich gleichförmig in Britannien und Syrien, in Nordafrika und am Schwarzen Meer; wie heute die Amerikaner auf Grönland, im Mittelmeer, Südostasien, im Pazifik ihre Kasernen, Flugplätze, Treibstofflager, ihre Offiziersmessen und PX-Läden haben, und um die Garnisonen den Umkreis von Werkstätten, Kneipen, Puffs. Der Vergleich liegt nahe genug. Auf dem Boden des römischen Kastells von Cannstatt stehen amerikanische Militärfahrzeuge ausgerichtet, stehen amerikanische Posten, schlendern amerikanische Offiziere.

Eine der Spuren der Römerzeit in den Stuttgarter Wäldern findet sich nicht sehr weit von dem in Teilen gut sichtbaren Zug einer Straße, die vom Cannstatter Castell, den großen Neckarbogen abschneidend, nach Somulucenna führte, dem heutigen Rottenburg. Im Rotwildpark, über dem Einschnitt des Glemsbachs, sieht man die Reste einer Schweinemaststation; ein Geviert für die Ställe und die Behausung der Hirten. Die Eichenwälder, licht und voll von nahrhaftem Fraß, waren zur Aufzucht von Schweineherden gut geeignet. Die gemästeten Tiere wurden dann zu dem Kastell von Cannstatt getrieben, was sich wohl an einem Tage, vom Morgengrauen bis in die Abenddämmerung, bewerkstelligen ließ; scharfe Köter, Schweinehunde werden dafür gesorgt haben, daß die Ware vom Fleck kam. So wurden die Legionen versorgt. Während die Römer am Limes halten, kommen die Stämme im Barbarenland in Bewegung. Die Germanen beiderseits der Elbe, eine Vielzahl von Stämmen, alle Mannen, Alemannen wandern nach Westen und Süden, überschreiten, langsam bald hier, bald dort in größeren und kleineren Haufen vorrückend, den Main, nähern sich dem Limes. Die Besorgnis muß auf römischer Seite groß gewesen sein; man hatte von der Zahl dieser Menschen „grandissimis corporibus" beklemmende Vorstellungen. Jahrzehnte bevor der Limes wirklich eingedrückt und überlaufen wird (was auch nicht mit einem Ruck, sondern in wiederholten Schüben geschieht), beginnt die Abwanderung oder zumindest das vorsorgliche Vergraben von Kostbarkeiten (dies zur Freude späterer Schatzgräber und Historiker). Ums Jahr 260 geht die Römerzeit rechts des Rheins zu Ende. Die Alemannen sind im Lande und über alle Geschicke und Mißgeschicke darin geblieben.

Nicht, daß die Alemannen besonders Eile bezeigt hätten, sich im Land ihrer Nachfahren dauerhaft niederzulassen. Es ist erstaunlich, daß zwischen

„Das ganze Stuttgarder Ambt". Landkarte der weiteren Umgebung der Stadt, 1589.

"The City of Stuttgart". Map of the surroundings of Stuttgart, 1589.

Carte de Stuttgart et de tous les environs, 1589.

dem Zeitpunkt ihrer Limes-Überschreitung und der frühesten Datierbarkeit alemannischer Dörfer eine Zeitlücke von einem Vierteljahrtausend klafft. Sicher ist, daß sie die Römerbauten, nicht nur die militärischen Anlagen, sondern auch die Gutshöfe, nach gründlich betriebener Plünderung niedergebrannt haben. Zu vermuten ist, daß sie sich hernach in den rauchgeschwärzten Ruinen (denn die Römer hatten ihre Häuser aus Ziegeln gebaut) mehr oder weniger häuslich niedergelassen haben, denn das war immer noch das bequemste. Zweifellos hätten sie es noch weit komfortabler gehabt, wenn sie das Vorgefundene nicht in Scherben gehauen und verbrannt hätten. Doch haben diese Barbaren, indem sie es barbarisch trieben (die welterfahrenen Römer hatten es vorhergesehen), in ihrem Sinne nicht unvernünftig gehandelt. Diese Naturmenschen hätten mit dem zivilisatorischen Komfort nicht leben können. Nun alles ruiniert war, hatten sie sich's nach ihrer Lebensart zugerichtet. Die Obstbäume und was sonst in den zerstampften Gärten weiterwuchs, die gefaßten Quellen, die urbar gemachten Flächen, die Wege und Straßen – all das war für dieses rauhe Volk noch schätzbar genug, Anlaß, zu bleiben. Im Windschutz der geschwärzten Mauern konnte man die gewohnten Hütten bequem errichten; auch für Gäule, für die Herden war hier leicht und gut zu sorgen. – So dürfte ein Teil des neuen Volkes seßhaft geworden sein, Ur-Cannstatter sozusagen. Andere werden, im engeren Bereich weiterschweifend, ihr Wanderleben fortgesetzt haben.

Gegen das Jahr 500 werden die Alemannen von den Franken angegriffen und besiegt. Sie verlieren einen großen Teil des Landes, das so etwas wie ihr Stammesgebiet geworden war, verlieren die Mainlinie und alles Land nördlich der Murg und nördlich vom Asperg. Es wäre den Alemannen, die im Gegensatz zu den Franken wenig politische Macht entwickelt hatten, noch übler ergangen, wenn sie nicht jenseits der Alpen in dem Gotenkönig Theoderich in Ravenna – Dietrich von Bern – einen Schutzherrn gefunden hätten.

Erst nach diesem schmerzhaften Zurückwerfen und unter einem fränkischen Einfluß, der nach dem Dahinschwinden des Gotenschutzes über die Stammesgrenze hinaus nach Süden wirkt, kommt es im Gebiet des heutigen Stuttgart zu nachweisbaren Dorfgründungen. Der Platz des wichtigen Cannstatter Römerkastells, man nennt ihn nun die alte Burg, „Altenburg", scheint eine zentrale Rolle gespielt zu haben, für das, was sich nun an Dörfern, an Burgen mit angelehnten Siedlungen im 6., 7. und 8. Jahrhundert entwickelt. In diese Zeit, Alemannenzeit unter dem Einfluß der merowingischen und karolingischen Franken, fällt die früheste nachgewiesene Besiedlung des Stuttgarter Talkessels. Zur Römerzeit war das Tal fast unbewohnt, wenn auch nicht unbelebt; es gab Fuß- und Reitwege, es gab Steinbrüche, Ziegeleien, z. B. im Kräherwald. Nun also, Jahrhunderte später, entstehen die ersten Dörfer: Immenhofen (südlich der heutigen Hauptstätter Straße), Tunzhofen (nördlich des ältesten Stadtkerns) und Frankenbach, unmittelbar südlich des Platzes, auf dem später die Wasserburg, das nachmalige Alte Schloß entstand. Es sind keine freien Bauern gewesen, sie waren den kleinen Adligen hörig, die von ihren nicht sehr stattlichen Burgen herab die Herren spielten. Späterhin, als die Wirtemberger im Sattel saßen, hatten sie nicht mehr viel zu bestellen und sind verschwunden wie ihre Burgen oder im Bürgertum aufgegangen.

Der Name Stuttgart, das weiß selbst heute noch jedes Kind, kommt von Stutengarten. Ein Gestüt hat der Stadt ihren Namen gegeben. Diesen Stutengarten hat um das Jahr 950 Herzog Ludolf von Schwaben gegründet. Ludolf, ein Enkel König Heinrichs I., als Sohn des Königs Otto I. und einer Engländerin 930 in Magdeburg geboren, regierte als junger Mann einige Jahre lang als Herzog in Schwaben und hat als Rebell gegen den Vater ein frühes Ende genommen. Militärische Erwägungen könnten den Anstoß zur Anlage eines Gestüts gegeben haben; die gefürchteten Reichsfeinde in jener Zeit waren die Ungarn mit ihren schnellen Reiterheeren; um ihnen wirksam begegnen zu können, waren gute Pferde nötig.

Ein Gestüt braucht Raum, braucht weite Weideflächen. Es ist also unwahrscheinlich, daß es sich dabei nur um ein Stück Talboden in der Nähe des späteren Stadtkerns gehandelt hat. Wahrscheinlich ist vielmehr, daß die Weidegründe des Gestüts sich vom Neckar her die Talaue des Nesenbachs hinauf bis in die Mitte des Talkessels gezogen haben. Auf der Neckarseite waren die alten Römerbezirke nahe, wo nun auch die frühesten Kirchen standen, auf der Altenburg, im jenseitigen Cannstatt, in Berg. Von hier aus muß der Stutgarten angelegt und anfänglich betrieben worden sein. Etwas später sind aber Leitung und „Verwaltung" des Gestüts in den Talkessel verlegt worden. Nordwestlich der heutigen Stiftskirche, vom Schillerplatz aus gesehen hinter dem Fruchtkasten, hat der steinerne Turm gestanden, in dem der Herr des Stutgartens saß, Stuttgarts Urzelle; nahe dem Turm stand ein Kapellchen, auf dem Platz der nachmaligen Stiftskirche. Hier ist die Grenze zwischen herrschaftlichem Gestüt und Bauernland, den Hofstätten und Feldern des Dorfs Frankenbach; hier ist der Ursprung der Stadt.

„Der Garten (Stutengarten) blieb allem Anschein nach beisammen, als sich aus dem Gestüt ein Weiler, aus dem Weiler ein Markt, aus dem festen Turm ein Adelssitz, aus dem Gutskapellchen eine große Adelskapelle und schließlich aus oder neben dem allen auch eine Stadt entwickelte." Mit diesen Worten macht Decker-Hauff die Entwicklung der dreihundert Jahre, von der Mitte des 10. bis zur Mitte des 13. Jahrhunderts anschaulich. Wie es aber genau zugegangen ist, darüber gehen kompetente Meinungen noch heute auseinander, und das Dunkel, das über den Anfängen der Stadt liegt, wird wohl nie ganz zu erhellen sein. Fest steht, daß die älteste Urkunde, die „Stutkarten" als Siedlung bezeugt, vom Jahr 1229 ist. Unklar ist der Zeitpunkt der Verleihung der Stadtrechte, umstritten ist, von welchem Herrn sie verliehen sind. Zu den alten Grundherren zählen die Herzöge von Schwaben, die Calwer Grafen, die Welfen. Im 12. und 13. Jahrhundert treten die Wirtemberger hervor, gleichzeitig aber die Markgrafen von Baden; badische Dienstmannen sitzen im Stuttgarter Tal und darum herum. Sicher ist, daß die Markgrafen von Baden als Nachfolger der Calwer Grafen in der ersten Hälfte des 13. Jahrhunderts Städte und Burgen im Neckartal und Murrtal hatten und ihr Machtbereich sich auch auf den Stuttgarter Talkessel erstreckte;

25

sehr wohl können sie es gewesen sein, die den Marktflecken um das Stuthaus ausgebaut haben, vielleicht nach dem Muster ihrer Stadt Pforzheim; auch die erste Befestigung der Stadt dürfte in ihre Zeit fallen. Ulrich der Stifter, unbestritten Wirtembergs erster Herr in Stuttgart, hat in erster Ehe eine Markgrafentochter zur Frau gehabt. Mit ihm beginnt die Herrschaft des Hauses Württemberg in Stuttgart, die bis 1918 gedauert hat. Er ist der erste, der Flügelmann in der langen Reihe der steinernen Landesherren, die seit der Renaissance im Chor der Stiftskirche stehen. Viel einprägsamer ist aber sein Denkmal auf der Doppeltumba unter dem kleinen Stiftskirchenturm, dem ältesten Innenraum, den man heute in Stuttgart finden kann; da liegt er, mit festem, edlem, jungem Gesicht, denn jung ist er gestorben, neben seiner zweiten Frau, Agnes, der Schlesierin.

Das Dunkel der Geschichte lichtet sich, wo die Fackel des Krieges brennt. Der Zerfall des staufischen Erbes entzweit die Wirtemberger Grafen, die daraus die Grundlagen ihrer Herrschaft zusammenraffen, mit der um das Reichsgut besorgten Königsmacht. Ulrichs zweiter Sohn, Eberhard der Erlauchte, streitet mit König Rudolf. Der König belagert die Stadt – seither heißt die steile Höhe, auf der er mit Mann und Roß und Wagen gelegen hat, die Wagenburg – vermag sie zwar nicht zu stürmen, zwingt aber den belagerten Eberhard in die Knie und legt ihm auf, die Mauern der Stadt zu schleifen; das war im Herbst 1286. Schon im nächsten Jahr brennt es wiederum, die Burgen um Stuttgart werden von den Königlichen gebrochen, namentlich von der dazu stets bereiten Reichsstadt Esslingen, die sich später, anno 1312, vollends in den Besitz Stuttgart setzen und es mehrere Jahre hindurch behalten wird. Eberhard der Erlauchte ist eine Zeitlang ganz ohne Land gewesen, wie mancher seiner Nachfolger – heimlich versteckt in einem dicken Turm im badischen Städtlein Besigheim. Doch hat er lang genug gelebt, um die Rückgewinnung Stuttgarts zu erleben, und der alte, harte Herr hat auch noch die beiden entscheidenden Schritte getan, um diese Stadt für alle seine Nachfolger zur Haupt- und Residenzstadt zu machen. Der Sitz des Hauses wird endgültig von dem gleichfalls durch die Esslinger ruinierten Beutelsbach hierher verlegt. An Stelle der zerstörten kleinen Wasserburg beginnt Eberhard den Bau eines festen Schlosses von großen Ausmaßen – unser heutiges Altes Schloß. Die tiefen, geräumigen Weinkeller unter dem Dürnitzbau, in denen heute noch in mächtigen Fässern die Weine der Hofkammer in wohltätiger Ruhe gedeihen, reichen in jene Zeit zurück. Ferner erbittet Eberhard vom Papst – das war dem alten Grafen die lange Reise nach Avignon wert – die Zustimmung zu der Verlegung des Chorherrenstifts von Beutelsbach nach Stuttgart; ergänzend tritt dazu die Umpfarrung der Stuttgarter Kirche von der alten Mutterpfarrei Altenburg ins Chorherrenstift. – Der militärische und der kirchliche Schwerpunkt des kleinen Landes Wirtemberg sind nun nach Stuttgart gerückt; es ist Hauptstadt und Residenz.

Das Spätmittelalter ist die Periode eines verhältnismäßig ungestörten Wachstums der Stadt. Zweihundert Jahre liegen zwischen der Zeit, in der Stuttgart zur endgültigen Hauptstadt der

Die Residenz der Spätrenaissance aus ihren Lustgärten heraus gesehen. Matth. Merian, 1616.

The Residence. A picture from late Renaissance times, seen from the park. Matth. Merian, 1616.

La résidence à la fin de la Renaissance, vue de ses jardins de plaisance. Matth. Merian, 1616.

Wirtemberger geworden ist, und den 1520er Jahren, die mit Herzog Ulrichs Abenteuern, dem österreichischen Interregnum und der Einleitung der Reformation einen tiefen Einschnitt in die Geschichte von Land und Stadt bedeuten.

Von Anbeginn hat der Weinbau Alltag und Ökonomie der Stuttgarter bestimmt. Urkundliche Nachweise über den Weinbau reichen ins 12. Jahrhundert zurück. Während die Stadt wächst, bedecken sich die umgebenden Hänge ringsum mit Weingärten, werden zu einer Kulturlandschaft besonderer Prägung mit ihren Stützmauern, die die Geländefalten, Hügelschwingungen betonen, mit den ungezählten steilen Staffeln.

> Si on ne cuilloit à Stuttgard les raisins
> La ville ivroit se noyer dans le vin –
>
> Wenn man in Stuttgard nicht einsamlete
> den Wein
> So würde bald die Stadt im Wein
> erseuffet sein.

Knittelverse auf französisch und deutsch, die das Staunen der Reisenden bezeugen über soviel Weinbau um eine kleine Stadt. Zu den allerältesten Lagen zählen Steinenhaus, Mönchsberg, Hoppenlau, Fangelsbach, Heusteige. Späterhin wurden rühmlich bekannt als gute Halden Kriegsberg, Falkert, Kornberg, Sünder, Heller, untere Steingrube, mittlere Steinenhausen, Sonnenberg, Afternhalde, Wernhalde, Sauhalde, Ameisenberg, Mönchhalde, Koppental, Atzenberg, Wanne, Reinsburg, Hetzer, Gänser – Namen, die bis auf wenige letzte Weingärten im inneren Stadtbereich nur noch durch die Straßenbezeichnungen im Bewußtsein geblieben sind.

Versuchen wir, uns den Alltag in den frühen Zeiten der Stadt zu vergegenwärtigen, so müssen wir uns vor allem an Mühsal und Lesefreuden, Hoffnungen und Enttäuschungen des Weingärtners halten. Noch mehr als der Ackerbauer ist der Weingärtner vom Gang der Jahreszeit und dem Wetter abhängig – ein Nachtfrost im Mai kann das ganze Jahr verderben. Frühe Aufzeichnungen überliefern, was den Zeitgenossen an Wetter und Wachstum beschert war: 1394 Grosse Fruchtbarkeit in Frucht und Wein; 1420 Warmer Winter, gute und reiche Ernte und Herbst; 1443 Strenge Kälte bis Ende Aprils, ein karges Jahr; 1510 Schröcklicher Hagel 9. auf 10. Juni; 1518 Schmaler Herbst, aber ein Ausbund von Wein... In üppigen Jahren muß der alte Wein weg, und wenn er sauer war, macht man Mörtel damit an; jahrhundertelang erinnerten sich die Stuttgarter, daß beim Bau des kleinen Stiftskirchenturms der Kalk mit überflüssigem saurem Wein angerührt war. Der Umfang der ältesten Stadt wird, nach heutigen Begriffen, ungefähr begrenzt durch Altes Schloß, Alte Kanzlei, Königstraße, Eberhardstraße. Im späten Mittelalter kommt es zu zwei beträchtlichen Erweiterungen, zur planmäßigen Anlage von Vorstädten, die in die Befestigung einbezogen werden. Um 1400 beginnt die Anlage der St.-Leonhards-Vorstadt, mit der Hauptstätter Straße als Achse. In der Mitte des 15. Jahrhunderts wird auf der anderen Seite des Stadtkerns die „Reiche Vorstadt" angelegt, regulär und rechtwinklig, mit der Hospitalkirche.

Die Bautätigkeit während des 15. Jahrhunderts war stark. Das Alte Schloß war oft eher ein Bauplatz als eine feste Burg. Im Jahr 1433 wurde begonnen, an Stelle der kleinen romanischen Stiftskirche, oder vielmehr um sie herum eine große Kirche zu errichten; man hat weit über hundert Jahre daran gebaut. Anno 1471 beginnt der Bau der Hospitalkirche und wenig später der Bau der Leonhardskirche. All diese Großbaustellen neben der Neuanlage ganzer Vorstädte! Wir sind allzusehr geneigt, uns eine Stadt in alter Zeit so vorzustellen, wie sich die gotisch geprägten Stadtkerne in der Goethezeit dargestellt haben: uralte Kulisse, ehrwürdig, ein wenig fratzenhaft, geschwärzt. Wir vergessen darüber, daß das Alte ja auch einmal frisch und neu gewesen ist, und daß es einmal gezimmert und gemauert werden mußte. Dieses spätmittelalterliche Stuttgart kann nicht sehr geruhsam gewesen sein. Der Arbeitstag dauerte, solange die Sonne am Himmel stand. Der Maschinenlärm war zwar noch nicht erfunden; aber das Rumpeln der schwer beladenen Fuhrwerke, Peitschenknallen und Fuhrmannsrufe, das helle Hämmern der Steinmetze und die Schläge der Zimmermannsäxte, das Rufen auf den Baugerüsten, vollends wenn man sich von Türmen herunter verständlich machen mußte – das hat einen ganz fröhlichen Werktagslärm ergeben. Als engbrüstig und alt mag man den Stadtkern um den Marktplatz herum schon um 1400 empfunden haben. An Wasser hat das Talbecken keinen Überfluß, Nesenbach und Vogelsangbach waren bescheidene Rinnsale. „Stuttgarten ist die Hauptstadt in dem Land, da rinnt kein namhaft Wasser als ein Bach, genannt Welz im Dreck, liegt im Weingebirg nicht fern vom Neckar" notiert um 1500 ein Wiener Domherr in sein Reisetagebuch; unhöflich, aber präzis. Die beiden neuen Vorstädte, das muß man den alten Stuttgartern lassen – oder vielmehr ihren Landesherrn und deren Beratern –, waren vernünftig, fast großzügig angelegt, ließen mehr Licht und Luft herein, konnten mit geräumigen, für Obstbäume und Gemüsebau bestimmten Hofräumen geradezu als Gartenvorstädte gelten. – Was das höfische Leben der Zeit betrifft, seine Höhepunkte: Fürstliche Beilager (also Hochzeiten), Turniere, Leichenbegängnisse, so sollte man sich auch dabei vor Augen halten, daß sich das nicht im Rahmen einer fertigen oder gar schon traditionsreichen Residenz abspielt, sondern daß man improvisierte, drapierte, und an Lustgärten und köstlichem Gebäu nicht viel Fertiges vorzuzeigen hatte.

Dramatisch wird die Geschichte von Land und Stadt unter der Regierung Herzog Ulrichs. Wahnsinnig der Vater; die Mutter im Kindbett gestorben; das Kind mit aller Sorgfalt, derer man fähig war, aufgezogen, unter fürsorglicher Vormundschaft, bis es, dem Knabenalter kaum entwachsen, zur unbeschränkten, ungehemmten Herrschaft gelangt. Aufdringlicher Prunk seiner Hofhaltung, grell und laut mit Trommeln, Pfeifen, Pauken und Trompeten – ein neureiches Auftrumpfen, denn es war die Herzogswürde erst zu Lebzeiten des Kindes Ulrich dem Onkel, Eberhard im Bart, vom Kaiser verliehen worden. Um dem gekrönten jungen Menschen vollends den Kopf zu verrücken, kommt es im zweiten Jahr seines Regiments zu einem im Gefolge der Kaisermacht ziemlich ungefährlichen Feldzug

gegen Kurpfalz, mit reichem territorialem Gewinn. Glücklich geraffter Lorbeer, Anlaß zu weiterem verschwenderischem Auftrumpfen. Nie zuvor hatte die kleine Residenz derartiges in ihren Mauern gesehen. Der Größenwahn ergreift in jenen Jahren auch einmal den Nesenbach, der in einer Spätwinternacht, von Schmelzwässern und Regenfluten unerhört geschwollen, vor dem eilfertig versperrten Hauptstätter Tor gestaut, sich schrecklich Bahn bricht und viele Stuttgarter und viel Vieh jämmerlich ersäuft; bei welchem Unheil sich übrigens Herzog Ulrich, seinen Hengst tummelnd, als Held und Herkules unter seinen Untertanen zeigen konnte.
Alles, was die Stuttgarter an Unerhörtem mit diesem ihrem Herrn hatten erleben dürfen oder müssen, wurde von dem kostbaren Beilager übertroffen, das er im März 1511 abhielt, als er der Politik halber die ihm unsympathische Sabine von Bayern, eine Nichte des Kaisers, zu heiraten hatte. Sechzehntausend Gäste wurden in der kleinen Residenzstadt bewirtet ... „Stuttgart muß ... eine tanzende, singende, musizierende, fressende, saufende, überkochende kleine Welt gewesen sein, ein Mekka aller Geladenen von Stand – aber ebenso das Ziel der Gaukler und Taschenspieler, der Trommler, Pfeifer und Sänger, der fahrenden Studenten und der dichtenden Geistlichen, der Bettelmönche und der Krüppel, der Krambudenbesitzer, der reisenden Garköche, der Diebe und der Dirnen" (Decker-Hauff).
Dieses Nachäffen kaiserlicher Pracht mußte auf die Dauer das kleine Land ruinieren. Plump und ungeschickt waren die Versuche, der wachsenden Schulden Herr zu werden: Münzverschlechterung, Mogelei mit Maß und Gewicht, Fleisch-,
Brot- und Weinsteuer. Der „gemeine Mann" beginnt sich unruhig zu rühren, 1514 bricht im Remstal der Aufruhr los, „der arme Konrad", in hellen Haufen ziehen die Bauern auf Stuttgart. Fürst und Ehrbarkeit, d. h. die reichen und in Ämtern und Pfründen sitzenden Familien, erkennen die drohende Gefahr. Im stark befestigten Tübingen wird jener hochberühmte Vertrag geschlossen, in dem die Stände die ungeheuren Schulden des Herzogs übernehmen und sich dafür gewichtige Mitspracherechte in den Staatsgeschäften sichern, dazu gewisse Grundrechte für jedermann – Wirtembergs Grundgesetz, das fast dreihundert Jahre dauern wird; von Herzog und Ständen wider „Ufflöff und Embörung" des Volkes beschlossen, und trotzdem die frühe Vorstufe zu einer demokratischen Entwicklung. Nicht der Vertrag, sondern das kranke Gemüt, der tolle Kopf des Herzogs bestimmen die noch folgenden langen Jahre seines Regiments. Aus wahnwitziger Eifersucht ermordet er auf einer Jagd im Böblinger Forst seinen Freund und Stallmeister Hans von Hutten, und bringt damit Reich und Ritterschaft gegen sich auf. Von Klippe zu Klippe geworfen, fühlt sich Ulrich von Kaiser, Reich und kaiserlicher Verwandtschaft verraten, bedroht seine schwangere Gemahlin, wendet sich gegen die Ehrbarkeit, läßt neben anderem dem hochangesehenen Konrad Breuning auf dem Marktplatz zu Stuttgart den Kopf abschlagen – den Kopf, der den Tübinger Vertrag erdacht hat – stürzt sich unter einem fadenscheinigen Vorwand verräterisch auf die Reichsstadt Reutlingen, zieht damit sich, dem Land, der Hauptstadt ein Heer des Schwäbischen Bundes auf den Hals, flieht nach Tübingen, auf den Hohentwiel, end-

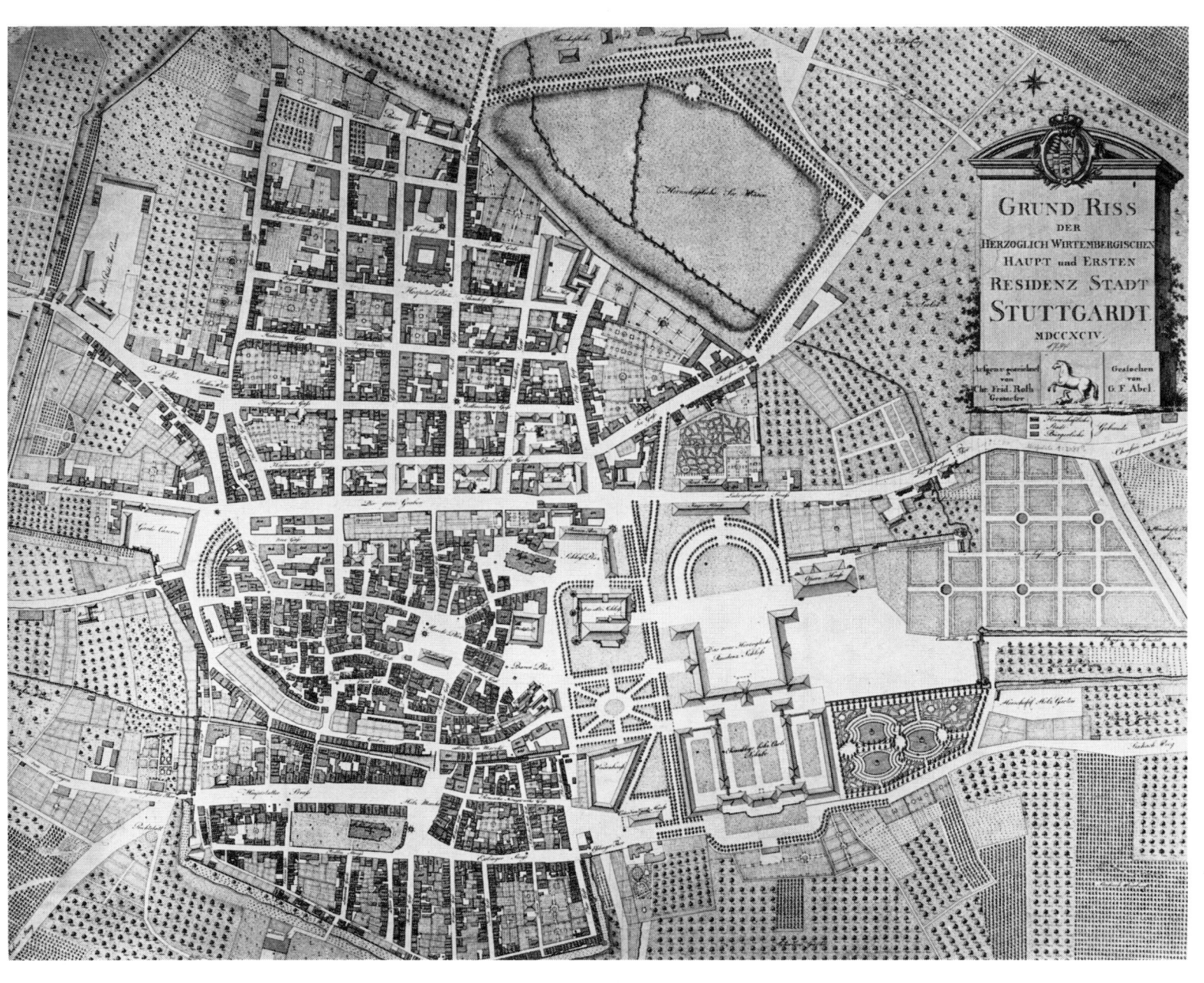

Stuttgart 1794. Copper-engraving by Chr. Fridrich Roth and G. F. Abel.

Stuttgart 1794. Kupferstich von Chr. Fridrich Roth und G. F. Abel.

Stuttgart 1794. Gravure sur cuivre de Chr. Fridrich Roth et G. F. Abel.

lich nach Mömpelgard, setzt sich noch einmal mit verzweifeltem Handstreich in den Besitz seiner Herrschaft und seiner Hauptstadt, verspielt abermals... In diesem Taumel richten sich die Hoffnungen mancher, über den verrückten Landesherrn hinweg, auf Kaiser und Reich. Der Vogt von Stuttgart lädt den Kaiser Karl V. ein, das Land „zu sein selbst Handen" zu nehmen. So geschieht es. Der Kaiser hat Stuttgart damals nicht gesehen. Wohl aber zieht sein Bruder, Erzherzog Ferdinand, Gubernator der deutschen Lande, im Namen des in der Ferne weilenden Kaisers am 25. Mai 1522 in der Stadt ein.

„Was ihr den Geist der Zeiten heißt, das ist zumeist der Herren eigner Geist, in dem die Zeiten sich bespiegeln." Jahrhunderte hindurch hat man, die Landesgeschichte in altwürttembergisch-protestantischem Geist betrachtend, das habsburgische Interim als verhaßte Fremdherrschaft gekennzeichnet. Erst später hat man sich überlegt, was Stuttgart als ein wichtiger kaiserlicher Platz, Hauptort in Oberdeutschland, halbwegs zwischen Wien und den Niederlanden gelegen, hätte werden können. Aber Geschichte schreibt man nicht im Konjunktiv. Die österreichische Herrschaft hat nur wenige Jahre gedauert. Ulrich, mit französischem Geld und Schweizer Söldnern, bricht wie ein Wolf in das Land seiner Väter ein, das von neuen schweren Bauernunruhen erschüttert ist, wird noch einmal verjagt. In den entsetzlichen Wirren bis zu Ulrichs endlicher Wiederkehr bewährt sich in Stuttgart, dieser noch recht jungen Stadt, eine tüchtige und gewissenhafte bürgerliche Führungsschicht, aus der die Namen Vautt, Breuning, Welling hervorglänzen.

Inzwischen wirkt in die soziale Krise der Bauernunruhen, Bauernkriege eine tiefe Bewegung anderer Art hinein: die Reformation. Sie dringt von den umliegenden Reichsstädten ins Wirtembergische hinein. Dort, in den freien Städten, saß ein zahlreicher Klerus, standen die Klöster, war der Boden bereitet für humanistische Bildung, theologische Diskussion. In einer Stadt wie Stuttgart, mit nur drei Kirchen, einigen Stiftsherren und einem einzigen Dominikanerkloster war nicht der Boden dafür. Aber von den Reichsstädten, besonders von Hall, kommen die Prediger der neuen Lehre ins Land, und die aufrührerischen Bauern versprechen sich von Gottes unverstelltem Wort und der Lutherischen Lehre Hilfe. Als Herzog Ulrich sich nach seinem Sieg bei Lauffen wiederum in den Besitz seines Landes setzt, am 15. Mai 1534 in Stuttgart einzieht (alles kann man bei diesem düsteren Herrn in Frage stellen, nur nicht seinen unbeugsamen Willen), findet er ein dem neuen Glauben zugeneigtes Volk, und führt, selbst religiös wenig interessiert, alsbald die Reformation förmlich ein. Die Verankerung der neuen Lehre in Volk und Staat, die Begründung der wirtembergischen Schul- und Kirchenordnung wird dann das Lebenswerk seines nach gefährdeter, verstürmter Jugend zu gutem und festem Regiment berufenen Sohnes, Christoph.

Das Stuttgart der Renaissance-Zeit ist eine namhafte Residenz; einen undeutlichen Abglanz davon verspüren wir am heutigen Schillerplatz. Dieser Platz ist übrigens unter der Regierung Herzog Friedrichs, des typischsten Renaissance-Fürsten Württembergs, im Jahr 1598 durch den

Abriß von elf Gebäuden geschaffen worden. Zuvor war, unter Christoph, das Alte Schloß so um- und ausgebaut worden, wie es dann bis auf unsere Zeit überkommen ist; Albertin Tretsch ist der Baumeister, ihm ist vor allem der Turnierhof mit seinen Bogengalerien zu verdanken. Es entstehen Fruchtkasten, Prinzenbau und Alte Kanzlei, und endlich, weit vor der Stadt in den Gärten, etwa auf dem Platz des heutigen Kunstgebäudes, das „Neue Lusthaus", der edelste Renaissance-Bau, ja das schönste Gebäude, das jemals in Stuttgart errichtet worden ist. Sein Erbauer ist Georg Beer. Bald danach entsteht Schickhardts „Neuer Bau" in der Nähe der heutigen Markthalle; er verschwindet im 18. Jahrhundert. – Tretsch, Beer und Schickhardt waren Württemberger Landeskinder.

Charakteristischer für die Renaissance-Residenz sind aber die Gärten mit ihren phantastischen Bauten und den Wasserkünsten, in denen sich ein frühes Ingenieurwesen nicht genug tun kann. Wie den Ruhm der kurfürstlichen Residenz Heidelberg um 1600 nicht das großartige Schloß ausmachte, sondern die auf Terrassen darunter angelegten Wundergärten, so hat man auch in Stuttgart besondere Liebe und Sorgfalt den fürstlichen Gärten zugewandt. Sie haben den späteren Karlsplatz, den späteren Schloßplatz, das Gelände des nachmaligen Neuen Schlosses bedeckt und sich bis in den Bereich der heutigen Theateranlagen hineingezogen. Schon unter Christoph wurde eine Orangerie angelegt, in der Pomeranzen, Zitronen, Öl- und Lorbeerbäume gezogen wurden. Ein Verzeichnis der Schloßgartengewächse von 1565 enthält: Artischocken, Endivien, Spargeln, Sauerampfer, Waldmeister, Wermut, Balsamäpfel, Gurken, Coloquinten, Fingerkraut, Melonen, Tausendschön, Eppich, Raute, Odermannig, Flaschenkürbis, Narrenkappe, Rettiche, Rüben, Mais, Melisse, Hirse, Pimpernell, Wunderbaum, Pastinak, Rhabarber, Kohl, Rapunzel, Drachenblut, Rosmarin, Ysop, Lattich, Bohnen, Quendel, Veilchen, Rosen, Erbsen, Kümmel, Adamsäpfel, Salbei, Pfirsiche, Aprikosen, Mandeln, Maulbeeren, Paradiesäpfel, Pflaumen, Zwetschgen, Kirschen; Äpfel und Birnen von jeder Art. – Wobei die große Zahl der Küchen- und Apothekengewächse und die geringe Vielfalt an Blumen auffällt. Man spürt auch die Tradition der Klostergärten. Intimen Charakter hatte der „Garten der Herzogin", nahe dem Schloß, wo heute der Karlsplatz ist, mit schattigen Spazierwegen und schönen Beeten, worunter eines aus Blumen und „Kräutern mild" das Wappenschild des Hauses darstellt. Der weitere Lustgarten umfaßt Anlagen für Sport und Spiel, Rennbahnen, Schießhaus, Reiherhaus – das alte und das neue „Lusthaus" für Bälle, Konzerte, Maskeraden, Theater – nichts aber ist charakteristischer, nichts wunderlicher als das scheinbar gänzlich zwecklose Spielwerk, aus dem die Renaissance seinen eigenen Zweig von Architektur in ihren Gärten hat sprießen lassen – mit hunderten italienischer Schloßgärten als Vorbildern. „Herzog Johann Fridrich fieng hierauf Anno 1613 an, die Wasser-Kunst oder sogenannte Grotta zu bauen, welche wenig ihres gleichen hatte. Sie war nach Toscanischer Ordnung gebauet von geschliffenen Quadern in einem Viereck und war 101 Schuh lang und 97 Schuh breit... In dem mit eisernen Gegittern umfangenen Vorhof war ein großes Bassin, worinn der Neptunus in Stein gehauen auf einem Felsen lag und aus seiner dreyzinkichten Gabel und einem bey sich habenden Wasser-Gefäß, wie auch unter ihm liegenden Fisch Wasser genug ausspritzte. Der Vorhof selbsten aber war mit flachen Kiselsteinen gepflästert, zwischen welchen das Wasser vermittelst verborgener Gänge als ein starker Regen hervor drang, so offt es beliebt, die Zuschauer anzunetzen. Bey dem Eintritt in das Hauptgebäude fiel eine Cascade sogleich in das Gesicht, welche vermittelst eines in der Mitten habenden Spiegels ein Perspektiv vorstellte und wegen des fallenden Wassers denen Augen eine angenehme Lust machte. An der Wandung und den darinn befindlichen Niches waren allerhand Vögel, welche durch die mit Kunst gezwungene Lufft ein artiges Gesang hören ließen. Auf denen Seiten waren zwey durch lauter angebrachte Muscheln formirte Menschen-Figuren, deren eine auf einem küpfernen Waldhorn die andere aber auf einer Trompete bliese, daß man sie sehr weit hören konnte. Der Gang, welcher durch die ganze Breite des Gebäudes gieng, war auf dem Boden auch mit platten Kiselsteinen, wie im Vorhof belegt, und die Wandungen mit lauter aus Muscheln und Schnecken gemachten Figuren bedeckt, welche auch Wasser aussprizten. Linker und rechter Hand waren zwey Gewölber mit Dufft- und andern dergleichen Steinen bekleidet. In jenem war die Andromeda mit Fesseln an einen Felß angeschmidet, gegen welche ein Drache vieles Wasser aus dem Mund schosse. Unterhalb aber war ein angekleidet sitzendes Weibsbild, welche ein auf den Armen haltendes Kind gautschete, als ob sie es einschläfern wollte, reizte aber dadurch das Wasser an einem verborgenen Ort unter den Kleidungen, daß es die gantze gegenüberstehende Wand begosse. In diesem Gewölb wurden auch vermittelst der verschiedenen Aufsätze Regenbogen, Schnee, Nebel, Blumen, Schirme und andere vorgestellt. In dem Gewölb rechter Hand waren die Wandungen wieder mit allerhand Gattungen Dufft-Steine, Muscheln und Schnecken überzogen... Überhaupt aber war diese Grotta so eingerichtet, daß wann man einen benetzen wollte, dem Wasser niemand entgehen konnte, sondern durch dasselbe biß vor deren Ausgang verfolgt wurde..."

So berichtet später der alte Sattler über diese Merkwürdigkeit. Höhlen, Hohlkugeln, Grotten haben übrigens auch in Theater, Pantomime, Ballett der Renaissancehöfe eine merkwürdige Rolle gespielt. Am Mailänder Hof hatte kein Geringerer als Leonardo da Vinci die Maschinerien der Feste spielen, antike Götter aus Kugeln hervortreten lassen. Auch von den Festen am Stuttgarter Hof hören wir von Tänzern, die aus Riesenköpfen hervorhüpfen. In dem 1617 aufgeführten „Der treuen Ritter Ballett" ist das Prachtstück ein daherrollender Fels mit Grotte, er spaltet sich und stellt nun einen glänzenden Tempel dar. Oder die Theatermaschinenkünstler mußten eine Insel machen, von Wasser umflossen, von der herab Neptun Hof und Gäste begrüßte, indes das Ballett einen Froschtanz aufzuführen hatte...

Einmal, bei diesen Festivitäten am Stuttgarter Hof, hatte „Unsere herzliebste Landmutter und allergnädigste Herrscherin Germania" in Person aufzutreten, mit der angenehmen Dame Concordia im Gefolge, die ihrerseits einen struppigen Lümmel namens Störenfried am Strick gefesselt

Danneckers Haus am Schloßplatz, die „Danneckerei". Es hat von 1809 bis 1893 dort gestanden, wo heute die Dresdner Bank ist. Ein Stück klassizistisches Stuttgart, besonders in seinen frühen Jahren ein Treffpunkt der Künstler und kunstliebenden Fremden.

Dannecker's house at the Schloßplatz, called the "Danneckerei". Between 1809 and 1893 it was situated there, where today the Dresdner Bank has its offices.

La maison de Dannecker am Schloßplatz, la «Danneckerei». De 1809 à 1893, elle se trouvait là où est située aujourd'hui la Dresdner Bank. Un morceau du Stuttgart classique, surtout dans les premières années un lieu de recontre des artistes et des amateurs d'art.

mit sich führte. Das war im Jahr 1616. Zwei Jahre später ging Concordia, ein ohnedies schwachbrüstiges Frauenzimmer, in Urlaub, und Störenfried, seines Strickes ledig, sollte dreißig Jahre lang die herzliebste Landmutter Germania ängstigen und bis aufs Blut quälen. Lange Zeit hat der Dreißigjährige Krieg Wirtemberg und seine Hauptstadt gnädig verschont. Dieser Scheinfrieden endet an einem Spätsommertag des Jahres 1634 mit der Schlacht bei Nördlingen, in der die Schweden, von Bernhard von Weimar und Horn unsicher geführt, von den Kaiserlichen, vormals Wallensteinschen Truppen, Spaniern unter dem Kardinal-Infanten Don Fernando und den Lothringern Karls IV. vernichtend geschlagen wurden.

Auf dem Schlachtfeld hingemäht liegen auch das Aufgebot von Baden-Durlach und die Württemberger. Wie ein heißer Lavastrom ergießt sich die siegreiche kaiserliche Armee, darunter viele spanische und kroatische Truppen, in das Land, das Remstal abwärts, den fliehenden Schweden nach, die den Menschen schon einen Vorgeschmack von dem geben, was nach ihnen hereinbricht: Plünderung, Raub, Zerstörung – grauenvolle Quälerei, Schändung und Totschlag in massenhaftem Blutrausch – endlich das alles verzehrende Feuer.

Die Unglücksboten fliegen so schnell, daß der Herzog, kein Held, schon am Tag nach der Schlacht Stuttgart fluchtartig verläßt. Ab nach Straßburg, dem starken protestantischen Platz hinter dem Rhein. Es flieht der Hof, es fliehen die meisten Räte, auch die der Landschaft, an Geld, Preziosen, Akten wird aufgepackt, was sich in Eile packen läßt; ein zorniges Lied zählt viele Namen und Titel in Knittelversen auf –

Der Landhofmeister sagte: Nein!
Wir wollen gehen übern Rhein.
Wer will, der bleib und wag die Haut!
Vor Kaisers Volk mir übel graut,
Wir müssen uns salvieren.

In Straßburg finden sich die Herren wieder zusammen. Am besten gelang es wohl Serenissimo selbst, sich über die üblen Zeitläufte zu trösten, und statt eiserne Hosen anzuziehen, wie ihm die schwedischen Verbündeten ärgerlich anrieten, tat er fleißig das Gegenteil.

Was indessen Land und Leute zu erdulden hatten, ist unbeschreiblich. Stuttgart hatte es gegenüber dem flachen Land noch ein wenig besser, da sich der Kaiser im Herbst wiederholt in der Stadt aufhielt; Anlaß, die Soldateska zu dämpfen – des Kaisers Majestät konnte man nicht durch Brände gefährden, seine Ohren durften durch Angst- und Wehgeschrei nicht beleidigt werden. Draußen war die Hölle los. Im Amt Waiblingen lebten im Sommer jenes Jahres 2000 Menschen, im Herbst nur noch 145. Aber auch für Stuttgart besagen die Zahlen genug: 1621 hatte die Stadt 9800 Einwohner, im Jahr 1645 waren es 4500. An verheirateten Männern, „Haushaltsvorstände" nennt es die Statistik heute, zählte man 3637 im Jahr 1623; anno 1646 waren es noch 600. Verarmung, Verwüstung, Zerfall machen nun, solange der große Krieg noch tobt, rasche Fortschritte. Die Stadt fällt einmal in schwedische Hände, dann wieder in kaiserliche. Das verwüstete Land verödet, die Menschen hungern, dem Hunger folgen Teuerung und Pest. Der Geldwert verfällt, es gibt kleine Münzen, dünne Blechmarken, die man

Die Legionskaserne, rechts im Bild, stand auf dem Platz des heutigen Wilhelmsbaus. Der Beschauer befindet sich also am oberen Ende der Königstraße, mit dem Blick in die Eberhardstraße. Am Brunnen herrscht reger Betrieb. Eine Gouache von Karoline Eisenlohr, 1820.

The legion's quarters, on the right side, was formerly situated on that site where the Wilhelmsbau is today. This is seen from the upper end of the Königstraße, looking into the Eberhardstraße. There is a huzzle and a buzzle around the fountain. By Karoline Eisenlohr in 1820.

La «Legionskaserne», à droite, était située à l'emplacement de l'actuel Wilhelmsbau. Vous vous trouvez donc à l'extrémité supérieure de la Königstraße, avec la perspective vers la Eberhardstraße. La fontaine est le centre d'une grande animation. Une gouache de Karoline Eisenlohr datant de 1820.

vom Tisch blasen kann. Man kann sich die Not, die Verzweiflung, die Verwilderung nicht kraß genug vorstellen. Die Pracht der Renaissance-Residenz erblindet. Schloß, Lusthaus, Neuer Bau werden wiederholt ausgeplündert, ausgenommen. Das Kupfer der Dächer, das Blei der Wasserrohre verschwinden im Schmelzofen des Krieges. Zertreten und verwüstet die Gärten ...

> Wir sind doch nunmehr ganz, ja mehr denn ganz verheeret.
> Der frechen Völker Schar, die rasende Posaun,
> Das vom Blut fette Schwert, die donnernde Kartaun.
> Hat allen Schweiß und Fleiß und Vorrat aufgezehret.
>
> Die Türme stehen in Glut, die Kirch ist umgekehrt,
> Das Rathaus liegt im Graus, die Starken sind zerhaun,
> Die Jungfraun sind geschändt ...

Und Gryphius läßt sein Lied „von den Tränen des Vaterlandes" enden:

> Doch schweig ich noch von dem, was ärger als der Tod,
> Was grimmer denn die Pest und Glut und Hungersnot:
> Daß auch der Seelenschatz so vielen abgezwungen.

Wozu wir denn aus einem alten Bericht über das Stuttgart jener Zeit zitieren: „Die heranwachsende Jugend wurde völlig verwildert, war trotzig, mutlos und unlustig zu jedem Geschäft. Die kirchliche Unterweisung fehlte, und die Schulen waren meist geschlossen. Mit der Unwissenheit und Roheit nahm auch die Lasterhaftigkeit zu."

Der Westfälische Frieden wird mit einem feierlichen Dank- und Friedensfest begangen. Der Herzog war auch inzwischen in seine verheerte Residenz zurückgekehrt. Doch war der Frieden, der arme, saure Frieden, nicht von Dauer. Die Franzosenkriege kommen über das geplagte Land. Dreimal, 1688, 1693, 1707, wird Stuttgart besetzt.

Für den Untergang der alten deutschen Städteherrlichkeit im 17. Jahrhundert ist Stuttgart, als eine bescheidene Stadt, ein bescheidenes Beispiel. Es war, was sich damals vollzogen hat, ein ungeheurer Abstieg, eine Verarmung ohnegleichen. Daß Stuttgart von 1634 bis in die zweite Hälfte des 18. Jahrhunderts hinein ein unbedeutendes Städtlein, eine bescheidene Residenz darstellte, liegt freilich nicht allein im Dreißigjährigen Krieg, in den Folgen der Nördlinger Schlacht begründet. Da sind die Franzosenkriege, die den neu gefaßten Mut sinken lassen, das mühselig neu Geschaffte und Gesparte vernichten. Dazu kommt, daß mit dem Beginn des 18. Jahrhunderts Ludwigsburg als Nebenresidenz heranwächst, die Kräfte und Mittel des Landes auf sich zieht und mit seiner neuen Pracht die arme alte Residenz zeitweilig gänzlich in den Schatten rückt.

Man kann beinahe behaupten, daß innerhalb dreier Menschenalter das spektakulärste Ereignis in Stuttgarts Mauern eine Hinrichtung gewesen ist, nämlich die Exekution des Jud Süß am 4. Februar 1738, weiland mächtigen Finanzrats, der nach dem jähen Tode seines Herzogs Karl Alexander seine Zeche und die einer Zahl von Christenschelmen auf dem Marktplatz an einem eisernen Galgen zahlen mußte und dann noch in einem Käfig hangend ausgestellt wurde – ein Schauspiel für die tief erregte Menge. Wenig bekannt, daß der Pfarrer der Leonhardskirche zuvor einen Bußgottesdienst gehalten hatte und die Gemeinde hatte niederknien und beten lassen für den Mann, „dessen Abend sich geneigt habe".

Auch das gehört in das Bild jener rauhen und armen Zeit.

Neuere Geschichte

„Mit der Regierung des Herzogs Karl steigt der Tag auf." Diese Feststellung des alten Journalisten und Heftianers Wekhrlin gilt für Stuttgart in hohem Maße. Karl Eugen, mit allen seinen Fehlern, die in der ersten Hälfte seiner langen Regierung grell hervortraten, war ein heller Landesherr von ungewöhnlicher Schöpfungskraft. Ihm verdankt auch die Hauptstadt den Aufstieg aus dem tristen Zustand einer ärmlichen, engen Kleinstadt. Das ging freilich langsam und mit bösen Unterbrechungen, die nicht zuletzt durch die wiederholte Begünstigung der Rivalin Ludwigsburg bedingt waren. Überhaupt hat dieser Fürst die Schwerpunkte seiner Hofhaltung meist um Stuttgart herum gesucht, in Ludwigsburg, auf der Solitude, endlich im Alter als Gutsherr in Hohenheim. Dennoch konnte Stuttgart, die Mitte des Landes, unter seiner Herrschaft aufblühen. Entscheidend der Entschluß, ein neues, zeitgemäßes Schloß zu bauen, der 1748 in die Tat umgesetzt wird. Der Neubau, kräftig betrieben, hauptsächlich von dem Ludwigsburger Italiener Retti geleitet, folgt im wesentlichen dem modischen „französischen Gusto". Unglücklicherweise fällt der eben fertiggestellte Gartenflügel 1762 einem Brand zum Opfer. Und da ein Unglück selten allein kommt, verzog der Hof bald darauf nach Ludwigsburg, das seine glanzvollsten Jahre erlebte, während die Stuttgarter vor den rauchgeschwärzten Ruinen des Neuen Schlosses melancholische Betrachtungen anstellen konnten. – In den 70er Jahren kehrt der Hof zurück. Der Schloßbau wird wieder aufgenommen und schwungvoll, allerdings auch etwas hastig vorangetrieben. In den Glanz des Theaterlebens der Doppelära Jommelli und Noverre haben sich Stuttgart und Ludwigsburg geteilt. Nun waren die verschollenen Zeiten des alten Renaissance-Hofes verjüngt wiedergekehrt. Aber wenn in jenen Zeiten Stuttgart ein mittlerer Hof unter größeren und glänzenderen gewesen war, so hat es Karl Eugen verstanden, genialisch selbst, vor allem aber mit einem Spürsinn für Genie begabt und fähig, Genie zu wecken und zu fördern, Stuttgart einige Spielzeiten lang das glanzvollste Theater Europas zu geben. Zutreffend hat vor einigen Jahren die Times bemerkt, mit Crankos Ballett habe das Stuttgarter Theater nun wieder den Weltruf, den es zu Karl Eugens Zeiten genossen habe ...

Die herzogliche Bibliothek wird von Ludwigsburg nach Stuttgart verlegt, die direkte Vorgängerin der heutigen Landesbibliothek, ein ureigenes Produkt des Spürsinns und der Sammelleidenschaft dieses merkwürdigen Fürsten.

Auf der Solitude hatte der Herzog aus zunächst sehr bescheidenen Anfängen eine „militärische Pflanzschule" entstehen lassen. Sie wurde 1775 nach Stuttgart verlegt, in eine leerstehende Kaserne hinter dem Neuen Schloß: Die Hohe Karlsschule, 1781 zur Universität erhoben. Längst hat man sich abgewöhnt, diese Schule nach der Gewohnheit des 19. Jahrhunderts als eine Sklavenplantage anzusehen. Wir wissen heute, daß diese Schule, trotz allen militärischen Allüren, eine der modernsten ihrer Zeit war, in den 1780er Jahren neben Göttingen die einzige fortschrittliche Universität im Deutschen Reich. Wir wissen auch, daß für die Gesundheit der jungen Leute aufs sorgfältigste gesorgt wurde, der Herzog überwachte das fast täglich in Person – er nannte sie seine Söhne, und das war bei vielen die lautere Wahrheit. Ein Landesvater, wahrhaftig, aber auch dieses sein Werk, seine Karlsschule, war vortrefflich und wirkte segensreich in die Zukunft, so kurzlebig die Akademie durch den greisenhaften Unverstand seines Bruders und Nachfolgers Louis auch war.

Unter den Eleven, die mit der verlegten Akademie in Stuttgart einzogen, war auch Friedrich Schiller. Er hat von 1775 bis 1782 in Stuttgart gelebt, als Karlsschüler, zuletzt als Regimentsarzt im miserablen Regiment Augé; vom Beginn seines 17. bis in sein 22. Lebensjahr. Später hat er noch einmal einige Wochen in Stuttgart verbracht; das war im Jahr 1794, er wohnte damals in einem kleinen Haus im Hofküchengarten, arbeitete am „Wallenstein".

Vor allem aber hat er die entscheidenden Jahre an der Hohen Karlsschule in Stuttgart verlebt, unter der väterlichen, herrischen Aufsicht ihres Stifters und Protektors. Uniform, stahlblauer Rock mit schwarzen Aufschlägen, weiße Kniehosen, schwarzer, silberbesetzter Dreispitz. Wecken (im Sommer um 5, in Winter um 6 Uhr), Morgenwäsche, Toilette mit umständlicher Zopffrisur, Rapport, Morgengebet, Frühstück — so beginnt der Tag. Viel Unterricht, bisweilen Exerzieren, aber auch sorgfältig geregelte Freizeit, Erholung im Akademiegarten, in dem sogar Springbrunnen und Wasserbecken zum Baden und Kahnfahren sind; damit im Winter geschwommen werden kann, gibt es ein geheiztes Bassin; im Nebenzimmer stehen Ruhebetten. Jeder Zögling hat im Akademiegarten einen besonderen Platz, den er nach Belieben bebauen darf. Schiller hat mit zwei Kameraden ein sorgfältig gepflegtes Gärtchen mit einem eigenen Pavillon — „Schillers Garten" hieß das, nachdem er längst die Akademie und das Land verlassen hatte. Übrigens umschloß dieses Gärtchen nicht nur einen eigenen Pavillon, sondern sogar im Gebüsch einen eigenen Abtritt, eine besondere Rarität, denn er bestand aus dem Stumpf einer Eiche, ausgehöhlt, mit einer Tür versehen und einem großen Stein als Dach — damit hatten die Freunde dem Dichter eine Geburtstagsüberraschung bereitet.

Ein Dichter, das war er schon. Der Miteleve Petersen (er wird später an der Akademie Professor für Diplomatik und Heraldik) berichtet: „Wenn er dichtete, brachte er seine Gedanken unter Strampfen, Schnauben und Brausen zu Papier, eine Gefühlsaufwallung, die man oft auch an Michel Angelo während seiner Bildhauerarbeiten bemerkt hat. Mehr als hundertmal haben Schillers Bekannte diese Erscheinung bei ihm beobachtet..." Einem Kranken, den Schiller zu pflegen hatte (auch das gehörte zu den Pflichten der Eleven) wurde darob einmal angst und bange. So müssen die „Räuber" entstanden sein, man kann sich das gut vorstellen.

An einem Maisonntag machen sie einen Spaziergang die Weinsteige hinauf in den Bopserwald, Schiller mit dem Manuskript in der Rocktasche, Heideloff, Hoven, Schlotterbeck, Dannecker, Kapf. Im Wald lagert man sich, Schiller liest vor, in freudigem Behagen anfangs, gegen Ende in hoher Erregung; die Zuhörer, die Freunde sind begeistert von ihm, mit ihm. Schiller, Mediziner nach dem Befehl seines allerhöchsten Schulmeisters, beendet das Akademiestudium mit einer umfangreichen Arbeit „Versuch über den Zusammenhang der thierischen Natur des Menschen mit seiner geistigen. Eine Abhandlung welche in höchster Gegenwart

Teilvergrößerung aus der isometrischen Zeichnung des Residenzbauplans i.J. 1830 von Thouret.

Part of the enlargement from the isometric drawing of the residence's construction plan, by Thouret, 1830.

Agrandissement partiel d'un dessin isométrique du plan de la résidence en 1830, de Thouret.

Sr. Herzoglichen Durchlaucht, während den öffentlichen akademischen Prüfungen vertheidigen wird Johann Christoph Friedrich Schiller, Kandidat der Medizin in der Herzoglichen Militair-Akademie". So das Titelblatt der bei Cotta gedruckten Schrift.

Etwa zwei Jahre verbringt Schiller als Regimentsmedikus in Stuttgart. Macht Dienst in einer lächerlichen Uniform nach altpreußischem Schnitt, die langen Beine so in die steifen Gamaschen gezwängt, daß er wie ein Storch daherstelzt.

Den Ausgleich sucht er in einem genialischen Burschenleben, pfeift (um kein gröberes Wort zu benutzen) auf alle Reinlichkeit und gute Ordnung, die man ihm auf der Akademie beigebracht hat. „Schiller wohnte in einem kleinen Zimmer parterre mit dem mit ihm aus der Akademie gekommenen Leutnant Kapff (in Ostindien gestorben). Wir waren arm und hatten meistens gemeinschaftliche frugale, aber durch jugendlich ausschlagende gute Laune sehr gewürzte Abendmahlzeiten, die wir selbst bereiten konnten; denn eine Knackwurst und Kartoffel mit Salat war alles. Der Wein war freilich ein schwieriger Artikel, und noch sehe ich des guten Schillers Triumpf, wenn er uns mit einigen Dreibätznern aus dem Erlös seines ‚Magazins' überraschen und erfreuen konnte. Da war die Welt unser. So blieb es eine gute Weile, doch fing nach und nach der Meteor am literarischen Himmel zu zünden an. Ich erinnere mich, daß einige reisende (nicht vagierende) bel esprits in schöner Equipage vor das Quartier angefahren kamen, z. B. Leuchsenring usw. So schmeichelhaft ein solcher Zuspruch nachher dünkte, war er doch im ersten Augenblick nicht sehr erbaulich, denn man befand sich in dem größten, nichts weniger als eleganten Negligé, in einem nach Tabak und sonsten stinkenden Loche, wo außer einem großen Tisch, zwei Bänken und einer an der Wand hängenden schmalen Garderobe, angestrichenen Hosen usw. nichts anzutreffen war als in einem Eck ganze Ballen der ‚Räuber', in dem anderen ein Haufen Erdbirnen mit leeren Tellern, Bouteillen und dergleichen untereinander. Eine schüchterne, stillschweigende Revue dieser Gegenstände ging jedesmal dem Gespräch voran." So erzählt Scharffenstein, ein Mömpelgarder, Freund von der Akademie her. Diese Behausung befand sich am „kleinen Graben", der heutigen Eberhardstraße. Das Stammlokal war bei Brodhag zum „Ochsen" in der Hauptstätter Straße. Dort treffen sie sich, Schiller, Petersen, Scharffenstein und andere Kameraden von der Akademie. Einmal hinterläßt Schiller einen Zettel beim Ochsenwirt: „Seid mir schöne Kerls. Bin da gewesen, und kein Petersen, kein Reichenbach. Tausensakerlot! Wo bleibt die Manille (das war das Manuskript der Räuber) heut? Hol Euch alle der Teufel! Bin zu Haus, wenn Ihr mich haben wollt. Adies, Schiller." Es hat sich auch, Erinnerungsstücke an Schiller wurden früh bewahrt, eine Rechnung des Ochsenwirts erhalten vom 1. August 1782 „Herr Doctor Schiller und Herr Bibliotarius Petersinn, Belieben güttigst wie folgt" nun eine lange Liste, beginnend „d. 13ten May H. Doctor Schiller $3/4$ Mß Wein schuncken u Brodt —. 34 Kr." Der Zettel vermerkt Wein, „Schuncken", Brot und Salat, einmal Butter und Rettig.

Das Stuttgart gegen Ende des 18. Jahrhunderts hatte einen Hof, der in Europa bemerkt wurde,

Der „alte Schloßplatz", anno 1826 von Franz Schnarr aufgenommen, dreizehn Jahre vor der Aufrichtung von Thorwaldsens Schiller-Denkmal.

The old Schloßplatz, 1826 by Franz Schnarr, 13 years later the Schiller monument was erected by Thorwaldsen.

La vieille «Schloßplatz», prise en 1826 par Franz Schnarr, treize ans avant la construction de la statue de Schiller par Thorwaldsen.

eine vortreffliche Hochschule, die leider den Tod ihres Stifters nur um Wochen überlebt hat, war aber sonst eine bescheidene Stadt, in der die Weingärtner und die Handwerker den Ton angaben. Noch sammelten in der Morgenstunde zwei Kuhhirten, ein Geißhirt und ein Schweinehirt, das Vieh zum Austrieb in den Wald. „In der eigentlichen Stadt sind die meisten Gassen krumm und unangenehm, und es gibt da mehrere enge und finstere Kehrwider (Sackgassen)" notiert der Berliner Buchhändler Nikolai 1781. Die neueren Stadtviertel, auch die immerhin aus dem 15. Jahrhundert stammende „Reiche Vorstadt" läßt er gelten, das Schloßviertel noch mehr, vieles erinnert ihn an Berlin, sogar die dreieckigen Laternen. „Was Stuttgart am meisten verschönert, sind die nahegelegenen grünbewachsenen Hügel, der Hasenberg, die herrliche Weinsteige und der Bopserberg; einen oder mehrere von diesen Bergen sieht man fast in allen Straßen."

Goethe war, mit seinem incognito reisenden Herzog, im Dezember 1779 schon einmal in Stuttgart; die Herren nahmen als hochgeehrte Gäste am Stiftungsfest der Akademie teil, Schiller empfing bei diesem Anlaß drei Preise — Goethe und er sehen sich zum erstenmal. Goethes zweiter Aufenthalt in Stuttgart, er hat zehn Tage gedauert, fiel in den Herbst des Jahres 1797. Goethe, der in die Schweiz reist, kommt von Ludwigsburg her, am Nachmittag eines Spätsommertages, einen Tag nach seinem 48. Geburtstag. Zweimal das Wort „herrlich": herrliche Allee (in Ludwigsburg); dann herrlicher Fruchtbau, womit nur der Obstbau gemeint sein kann, denn das Korn muß längst in den Scheuern gewesen sein. „Nach Sonnenuntergang sah man Stuttgart. Seine Lage, in einem Kranz von sanften Gebirgen, machte in dieser Jahreszeit einen ernsten Eindruck."

Nach seiner sympathischen Gewohnheit erkundet Goethe die fremde Stadt in den frühen Morgenstunden des nächsten Tages, macht sich, maßvoll abgewogen, seine Gedanken; besonders gefällt ihm die eben angelegte Planie. Sein erster Besuch gilt dann dem Handelsmann Rapp, in dessen Haus neben der Stiftskirche er um 10 Uhr sein Empfehlungsschreiben von Schiller überreicht. Dieser Rapp war einer der angesehenen Kaufleute der Stadt, ursprünglich Tuchhändler, von Herzog Karl mit dem Vertrieb der Erzeugnisse der herzoglichen Glasfabrik Spiegelberg betraut; er wird später im Wirtschaftsleben Württembergs noch eine größere Rolle spielen, in der Tabaksregie, in der Hofbank, als Mitbegründer der Landessparkasse. Für Goethe ist er aber vor allem als ein „wohlunterrichteter verständiger Kunstfreund" empfohlen; auf das Werk seines Freundes und Schwagers Dannecker hat er einen mächtig anregenden Einfluß.

Das Rappsche Haus und Danneckers Werkstatt sind die wichtigsten Ziele für Goethe, der auch Hetsch, Thouret, Scheffauer, Müller, Harper kennenlernt, lauter Künstler aus der Ära der Hohen Karlsschule. Auch dem Theater wendet der Gast seine Aufmerksamkeit zu, findet aber aus „den brillanten Zeit des Herzogs Karl" nur Spuren. Aber wenn Goethe am Ende dieser Tage das große Wort spricht „Nun habe ich hier Tage verlebt, wie ich sie in Rom lebte", so hat wohl Rapp das größte Verdienst daran; „eine gar behagliche, heitere und liberale Existenz" wie Goethe an Schiller schreibt. Und: „Als ich be-

Marktplatz, Garnhaus Neef.

The Market Place. The Neef textiles-shop.

Place du Marché, maison de filature Neef.

merken konnte, daß mein Verhältnis zu Rapp und Dannecker im Wachsen war und beide manchen Grundsatz, an dem mir so viel gelegen ist, aufzufassen nicht abgeneigt waren, auch von ihrer Seite sie mir manches Gute, Angenehme und Brauchbare mitteilten, so entschloß ich mich, ihnen den Hermann vorzulesen." Ja, er prüft seine Leute, der große Mann aus Weimar, er streut seine Perlen nicht unter die Säue aus. So wird denn „Hermann und Dorothea", jüngst vollendet, in dem Haus neben der Stiftskirche vom Dichter gelesen. Wer hat zuhören dürfen? Wahrscheinlich nur Rapp und seine Frau, Dannecker und seine Frau, und noch Rapps fünfjähriges Töchterlein Lotte, lautlos zu Füßen seiner Mutter. Als die letzten Worte gesagt sind „und wir erfreuten uns alle des Friedens", tut das Kind den Mund auf: „Der Ma soll no meh lesa!" Im Rappschen Haus war später lange Lindemanns Buchhandlung; an einem würdigeren Platz sind nicht leicht wieder Bücher verkauft worden.

Weniger Aufsehen erregt ein Dichter, der drei Jahre später für einige Monate nach Stuttgart kommt: Hölderlin. Merkwürdigerweise fehlt es nicht ganz an Parallelen: wieder ist es das Haus eines gebildeten Kaufmanns, Landauer, das den Dichter aufnimmt. „Des Freundes Freund zu sein, bist du geboren". Hölderlin wohnt in seinem Haus neben dem Gymnasium illustre. Zufällig hat auch Landauer einen Bildhauer zum Schwager: Scheffauer, Stuttgarter, Karlsschüler wie Dannecker. — Bald nach seiner Ankunft, im Frühsommer, schreibt Hölderlin an seine Mutter: „Meine Logis und die Aufnahme in meines Freundes Hauße fand ich ganz nach meinem Wunsche. Überhaupt haben mich meine alten Bekannten so gutmütig empfangen, daß ich wohl hoffen darf, hier eine Zeit im Frieden zu leben, und ungestörter, als bisher, mein Tagewerk thun zu können." Bescheidener Wunsch — aber wenn dem armen Hölderlin einmal ein Wunsch gänzlich in Erfüllung gegangen ist, dann dieser. Wenige Wochen zuvor hat er den letzten Brief von Susettes, Diotimas Hand erhalten, vier Seiten, mit fliegender Hand hastig beschrieben. Es ist eine Atempause zwischen der Trennung von Diotima und jener Katastrophe, die nach der Heimkehr von Bordeaux einsetzen und den Dichter nicht mehr aus ihrem Dunkel entlassen wird. Es ist seine letzte, wenigstens äußerlich beruhigte Zeit, unerhört schöpferisch —

Nur einen Sommer gönnt, ihr Gewaltigen!
Und einen Herbst zu reifem Gesange mir,
 Daß williger mein Herz, vom süßen
  Spiele gesättiget, dann mir sterbe.

Diese rührende Bitte eines früheren Gedichtes wird ihm in diesem Sommer, diesem Herbst in Stuttgart wortwörtlich erfüllt. Jetzt und hier schreibt er seine reifsten Oden: Der Neckar, Lebenslauf, Der Abschied, Rückkehr in die Heimat, Der Wanderer, Der Gang aufs Land, Stuttgart, Brot und Wein, Der Mutter Erden. Merkwürdig und keineswegs leicht erklärlich, daß ihm das „jetzt und hier" zum Gedicht wird.

Deshalb finden sich in diesen Oden schönste, unmittelbare Bezüge zu Stuttgart und der Neckarlandschaft — zitiert wird zuallermeist die

Dorotheenplatz, in der Mitte altes Marstallgebäude, dahinter Stiftskirche, rechts Altes Schloß. Aquarell um 1830.

The "Dorotheenplatz", in the center the old royal-stables building. In the background the Stiftskirche, on the left side the Old Castle. Aquarelle, about 1830.

La Dorotheenplatz, au centre, le vieux bâtiment «Marstallgebäude», derrière la Stiftskirche, à droite Le vieux château (Altes Schloß). Aquarelle datant de 1830 environ.

Strophe von Rebenstab und Tanne. Wir wollen daran erinnern, daß „Brot und Wein" in Stuttgart geschrieben ist:

„Rings um ruhet die Stadt; still wird die
                        erleuchtete Gasse.
Und, mit Fackeln geschmückt, rauschen die
                        Wagen hinweg.
Satt gehn heim von Freuden des Tags zu ruhen
                        die Menschen,
Und Gewinn und Verlust wäget ein sinniges
                        Haupt
Wohlzufrieden zu Haus; leer steht von Trauben
                        und Blumen,
Und von Werken der Hand ruht der geschäftige
                        Markt.
Aber das Saitenspiel tönt fern aus Gärten;
                        vielleicht, daß
Dort ein Liebendes spielt oder ein einsamer
                        Mann
Ferner Freunde gedenkt und der Jugendzeit;
                        und die Brunnen
Immerquillend und frisch rauschen an
                        duftendem Beet.
Still in dämmriger Luft ertönen geläutete
                        Glocken,
Und der Stunden gedenk rufet ein Wächter
                        die Zahl.
Jetzt auch kommet ein Wehn und regt die Gipfel
                        des Hains auf,
Sieh! und das Schattenbild unserer Erde,
                        der Mond,
Kommet geheim nun auch; die Schwärmerische,
                        die Nacht kommt,
Voll mit Sternen und wohl wenig bekümmert
                        um uns,
Glänzt die Erstaunende dort, die Fremdlingin
                        unter den Menschen,
Über Gebirgshöhn traurig und prächtig
                        herauf."

Die Zeitläufte waren, als Goethe Stuttgart besuchte, Hölderlin hier dichtete, wieder unruhig geworden. Im Jahr 1796 hatten französische Truppen wieder einmal, nach einer Pause von 89 Jahren die Stadt besetzt, und für ein halbes Menschenalter sollten nun Truppendurchzüge, Einquartierungen, Requisitionen und Kontributionen nicht mehr aufhören. Und als 1815 endlich Frieden war, zog nach einer Mißernte eine entsetzliche Hungerkatastrophe herauf, die alles vorhergegangene Leid übertreffen sollte. Schon Goethe bemerkt: „Übrigens hat man vom Krieg hier viel gelitten und leidet immer fort. Wenn die Franzosen dem Lande fünf Millionen abnehmen, so sollen die Kaiserlichen nun schon an sechzehn Millionen verzehrt haben. Dagegen erstaunt man dann freilich als Fremder über die ungeheure Fruchtbarkeit dieses Landes und begreift die Möglichkeit, solche Lasten zu tragen." Daß das Land und seine Hauptstadt die Revolutionskriege und die Napoleonischen Kriege, verglichen mit den Schrecken des 17. Jahrhunderts, einigermaßen glimpflich überstanden haben, daß aus dem Umbruch der Zeit für Württemberg Gewinn gezogen wurde, ist dem Herrscher zu verdanken, der Württemberg mit harter Hand durch die Stürme gesteuert hat: Friedrich, der dicke Friedrich, wie er wegen seines kolossalen Leibes unfreundlich genannt wurde, Herzog seit 1798, Kurfürst seit 1803, König seit dem Neujahrstag 1806.

Unter seinem tyrannischen, aber klugen und keineswegs unmenschlichen Regiment ist Stuttgart, unbeschadet aller Kriegsnöte (von Plünderung, Brand und Zerstörung blieb die Stadt verschont), wirklich zu einer Art von königlicher Residenz geworden. Ohne Karl Eugen wäre das freilich nicht möglich gewesen. Das Neue Schloß konnte königlichen Ansprüchen genügen. Vor allem war durch die Akademie eine große Zahl zum Staatsdienst hervorragend gebildeter Männer da, Kameralisten, Juristen, Forstleute, Architekten, Bildhauer, Maler, Musiker, Naturwissenschaftler, Ingenieure, Offiziere – Männer, mit denen wortwörtlich „Staat zu machen" war. Was der Einfallsreichtum, die Schöpferkraft, der pädagogische Eifer seines Onkels geschaffen hatte, wurde von König Friedrich staatsmännisch genutzt. Er hat die Hohe Karlsschule nicht wieder aufleben lassen, aber ihre einstigen Schüler vor große Aufgaben gestellt. Hart und bestimmt meistens; doch war er nicht immer ohne Freundlichkeit. Dannecker erzählt: „Vor 6 Wochen war der König bei mir im Atelier. Wie er Schiller so groß sah, sagte er: Potz Tausend, wie groß! Aber warum so groß? Ich: Ihre Durchlaucht, Schiller muß so groß sein ... Der König: Und was wollen Sie damit machen? Ich: Ihre Durchlaucht, der Schwab muß dem Schwaben ein Monument machen, und sollte ich ein Terrain kaufen, das nur so groß (mit Handbewegungen ... 4 auf 5 Fuß) wäre, um Schillers Büste aufzustellen. Er lächelte und sagte: Sie müssen ja ein guter Freund von ihm gewesen sein! – Ja, Ihre Durchlaucht, von Jugend auf."

In Karl Eugens weitläufigen und phantastischen Gartenanlagen auf der Solitude und in Hohenheim wird mit rauher Hand aufgeräumt. Von der Solitude werden Möbel und Spiegel nach Stuttgart geschafft, 92 Steinfiguren und steinerne Vasen, Marmorkamine, auch Orangenbäume, Kastanienbäume und Rosenstöcke (4675 gläserne Ampeln zu Illuminationszwecken kommen nach Ludwigsburg), endlich sogar „alle brauchbaren Schlösser, Riegel, Stangen, Bänder und Schlosserarbeiten"! Auf der Solitude abgebrochen und nach Stuttgart geführt werden die Eberhardskirche und der große, prachtvolle Marstall; sie werden an der unteren Königstraße (jetzt heißt sie so) aufgerichtet. Ums Schloß herum nehmen Schloßplatz und Anlagen die Züge an, die den Alten unter den heute Lebenden noch vertraut sind. Aus dem völlig heruntergekommenen, stückweise an Weingärtner verpachteten alten Lustgarten, aus dem in kleinen Gärtchen aufgeteilten vormaligen Akademiegarten, aus Wiesen, Holzhöfen, Morast und Schuttplätzen sind zwischen 1805 und 1808 die oberen Anlagen entstanden; Hunderte von Taglöhnern, Soldaten und Strafgefangenen waren dazu aufgeboten, die Alleen der Solitude, die Gärten von Hohenheim wurden dafür geplündert.

Das heißt nun innerer Schloßgarten, ist aber jedermann zugänglich. Das „Morgenblatt" schwärmt von den neuen Anlagen, „die zu einem reizenden, von Kanälen durchschnittenen und mit Bassins geschmückten Parke sind umgewandelt worden, in welchem nicht nur weiches duftendes Buschwerk zu traulichem Sitzen einladet, sondern auch bereits eine breite und fast unabsehbare Baumreihe mit starken, himmelanstrebenden Linden und Birken prangt und Schatten gibt, zwischen denen zierliche Blumenbeete in vielfarbigstem Schmucke sich hinziehen und die Luft mit ihren Wohlgerüchen würzen, sind ein Geschenk, welches der erhabene Monarch dem Vergnügen der Bewohner Stuttgarts weiht..." Ähnliches gäbe es nur in Petersburg, meint das Morgenblatt. Noch zu König Friedrichs Zeit werden auch die unteren Anlagen als englischer Park mit Reit- und Fahrwegen angelegt – seit 1818 umfassen die Anlagen ein Areal von 80 ha; erst der Bau des neuen Hauptbahnhofs wird fast hundert Jahre später diesen Raum schmälern. „Am nächsten Tag hatten wir einen köstlichen Spaziergang in den öffentlichen Gärten, die, wie die Champs Elysées in Paris, voller Schaukeln und Ringelspiele sind, um Kinder und gewöhnliches Volk an einem Sonntag zu unterhalten" notiert 1829 eine reisende Engländerin. Gemindert, teils verwandelt, teils noch ungenutzt, sind die Anlagen für uns heute das schönste Erbe königlicher Laune und Freigebigkeit.

Neureiche Königsherrlichkeit, aufgeklärter Absolutismus, klassizistischer Geschmack, polizeilich dirigierte und überwachte Ordnung bestimmten das Leben in der neuen Königsresidenz; Unduldsamkeit gegen das Alte, Gotisches, Barockes, Zopfiges. Die alten Gassennamen müssen verschwinden. Aus der Wassersuppengasse wird die Bergstraße, aus dem Scharfrichtergäßle die Richtstraße, „die finstere Münz" wird zur Dreherstraße, aus dem Kühgäßle wird (sinnig, doppelsinnig) die Milchstraße, und sogar der gute alte Marktplatz muß einige Zeit lang den Namen Friedrichsplatz führen. Das Tabakrauchen auf offener Straße ist verboten und wird mit drei Gulden und Wegnahme der Pfeife geahndet. Raisonieren und Politisieren ist gefährlich, die Polizei ist angewiesen, „unnützen und unbedachtsamen Schwätzern Ziel und Maß zu setzen, und da, wo äußerste Ungereimtheit an Bosheit grenzt, zu züchtigen."

Im Ästhetischen wendet sich des Königs Unduldsamkeit gegen das gerade aus der Mode gekommene Rokoko. Die Solitude, das Juwel eines schon späten Rokoko wird total vernachlässigt, ausgeräumt, und fast ist es verwunderlich, daß das Schlößchen nicht abgerissen worden ist. In Ludwigsburg und im Neuen Schloß wird, soweit die Mittel des Königs reichen, der Schmuck im Rokokogeschmack heruntergeholt und heruntergeschlagen, die schweren Stukkaturen italienischer Prägung vernichtet, die „zarte chinesische oder französische Decorationsweise" getilgt. Der Neuerer, der nach dem geradezu jakobinischen Geschmack des Monarchen zu handeln hat, ist Nicolaus Thouret. Ihm ist zu verdanken, daß der Klassizismus von Neubauten, Innenräumen und Möbeln, der nun die Residenz bestimmt, von gutem, sicherem Geschmack ist. Sein liebenswertestes Werk ist der Kursaal zu Cannstatt.

König Friedrich hatte sich den Tod geholt, als er an naßkalten Herbsttagen des Jahres 1816 stundenlang auf dem Seelberg in Cannstatt bei der Ausgrabung von Mammutknochen und -zähnen zusah. Bei Nacht wurde sein Leichnam in einem riesenhaften Sarge zur Gruft seiner Väter nach Ludwigsburg geschafft, unbetrauert von seinen Württembergern, die ihm viel zu verzeihen und viel zu danken gehabt hätten.

Die lange Regierungszeit seines Sohnes Wilhelm sollte zwar mit einer entsetzlichen Mißernte und Hungersnot beginnen und später durch die

So eng war, bis in den Anfang unseres Jahrhunderts, die Kirchstraße, die vom alten Schloßplatz oder Schillerplatz zum Marktplatz führt.

Till the beginning of the century the Kirchstraße was quite narrow; it leads from the old Schloßplatz or Schillerplatz to the Marktstraße.

La rue de l'Eglise (Kirchstraße), menant de la vieille Schloßplatz ou Schillerplatz à la place du Marché, était très étroite au début de notre siècle.

Revolutionsjahre 1848, 1849 erschüttert werden – dennoch war sie für das Land und für seine Hauptstadt eine beruhigte Periode des Friedens. Idyllisch erscheint vieles im Rückblick. An Bösem und Kläglichem hat es im Vormärz und Nachmärz nicht gefehlt. Die Anfänge des technischen Zeitalters, der industriellen Produktion haben sich jedoch hierzulande ohne bösartige Krisen vollzogen, was für die spätere vielgerühmte soziale und politische Stabilität Württembergs von Bedeutung ist.

Beim Blick auf das biedermeierliche Stuttgart sollte man vielleicht zunächst, in der engsten Nachbarschaft, das Cannstatter Volksfest vermerken, das am 28. September 1818 zum erstenmal begangen wurde und seither im Jahreslauf der Stadt seinen festen Platz hat. Es war ein landwirtschaftliches Hauptfest, die Fruchtsäule (beim erstenmal von Thouret errichtet) der Mittelpunkt, die Viehprämierung und das Rennen der Bauernpferde die Hauptsachen – diesen Charakter hat es lange behalten. Vielleicht kann man seine Stiftung in einem Zusammenhang mit den Notjahren 1816/1817 sehen, in denen die Bedeutung des täglichen Brotes dem hungernden Volk fürchterlich ins Bewußtsein gerückt worden war.

Ländlich in vielen Zügen bleibt auch die Stadt. Das Austreiben des Viehs hört zwar nun auf. Die Bedeutung des Weingärtnerstandes ist aber nach wie vor groß, nimmt nur langsam ab; die Weingärtner betreiben auch Gemüsebau; sie sind es übrigens auch, die noch lange Zeit mit ihren Karren die Abortgruben der Bürger leeren und den Inhalt auf ihre Gärten führen – die städtische Schlauchartillerie wird erst zu einer späteren Zeit auffahren.

Vom Elternhaus im biedermeierlichen Stuttgart schreibt Karl Gerok ... „mit langgestreckter einstockiger Front, unten das große rundbogige Tor, oben die breiten Doppelfenster mit Markisen von Segeltuch, gegen die Morgensonne, am hohen Dach die kleine Giebelmansarde mit der Studierstube; unten der geräumige Hausflur, wo Sommer und Winter ein kühles, kellerartiges Helldunkel herrschte. Auf bequemer Treppe kommt man im Wohnstock in unsere zwei Zimmer, die große rosagetünchte Wohnstube und die ebenso große hellgrüne Schlafkammer, woran sich der finstere Alkoven mit schwachem Oberlicht anschloß, in den wir zum Nachtlager verwiesen wurden, als die trauliche Schlafstelle zu Füßen der elterlichen Betten der jüngeren Nachkommenschaft überlassen werden mußte ..." Auf der Rückseite „der lange Altan, der sich an der ganzen Hinterseite des Hofes hinzog, mit der Aussicht auf den Hof, den Garten und die winkligen Hintergebäude der Nachbarschaft; da trippelten die Tauben auf dem Geländer ... da stand bei heiterem Wetter unser Tischlein zum Spielen ..."

Das Stuttgart des Vormärz, der Jahre vor 1848, hat einen wenig beachteten Chronisten gehabt, einen gewissen Carl Theodor Griesinger, der unter Titeln wie „Skizzenbuch", „Silhouetten aus Schwaben", „Humoristische Bilder" seine Beobachtungen der Nachwelt überliefert hat, darunter vieles aus dem Stuttgarter Leben. Ein rechter Lokalreporter – kein großes Licht, aber mit scharfen Augen und guten Ohren, neugierig, unterrichtet, genau bis ins Detail; dabei vertraut mit den Nöten der kleinen Leute, gewiß selbst nicht auf Rosen gebettet. Da hören wir von Biergärten, von Winkelschenken und vom

„Donnerstag läßt sich der Fremde auf der Silberburg einführen, dem Sommer-Local der oberen Museums-Gesellschaft. An diesem Tage findet hier alle Wochen Militair-Musik, alle 14 Tage auch noch Tanzmusik statt." So ein Fremdenführer von 1843. Das Bild zeigt die Silberburg um 1830.

"On Thursday, foreigners are being introduced on the 'Silberburg' which in earlier times was a summer-restaurant for the higher class of museums people. Every week on Thursday military music is played here and every other fortnight even dancing music." This was written in an old guide of 1843. The picture shows the Silberburg in 1830.

«Le jeudi, l'étranger se fera conduire au Silberburg, le lieu estival de la société du Musée. Là, on joue chaque semaine, le jeudi, de la musique militaire, et tous les quinze jours également de la musique de danse.» C'est ce qu'on peut lire dans un guide de 1843. Une vue du Silberburg vers 1830.

Sonntagmorgen in Cannstatt; von den Zeitungen, vom Tageslauf eines Ladenschwengels, vom Leben alter Junggesellen und alter Jungfern. Wir lernen die Mägdeunterbringungscommissionärin kennen ... „Was befehlen Sie für eine? Eine braune, eine blonde, eine schwarze, eine starke, eine schmächtige, eine korpulente, eine stille, eine geschwätzige, eine flinke, eine geduldige – was befehlen Sie? Sie soll augenblicklich gefunden seyn." Oder er erzählt von einem „Stuttgarter Gelegenheitsmacher" – „zu faul, um zu arbeiten, das Gehen und Eckenstehen nicht als Arbeit gerechnet, trinkt gerne und hat eine Nase wie ein Spürhund". Das kann ein Lohnlakai sein, ein fortgejagter Bedienter oder ein ausrangierter Tambour. „Denn so wie ein Fremder zur Stadt hereingeschmeckt hat, er sey nun im Wirtshause oder in einem Privathause abgestiegen, so spürt er ihm nach wie ein Jagdhund dem Wilde, er findet ihn auf, er mag seyn, wo er will, und trägt ihm seine Dienste an. Um's Geld machst du dann mit ihm, was du willst. Er zeigt dir die Merkwürdigkeiten und puzt dir die Kleider aus; er führt dich an die Häuser, in denen du Besuche machen willst, und bringt dir den Theaterzettel, er weißt dir die öffentlichen Gärten und führt dir – Mädchen zu, auch ohne daß du sie verlangst, denn hierin ist er besonders gewandt. Er kennt alle Mädchen in der ganzen Stadt unter ihrem Namen und Ruf, manchmal rechnet er auch Frauen zu diesen Mädchen; er weiß, ob er sie bestellen, und wohin er sie bestellen darf, und wie überhaupt die Gelegenheiten zu machen sind. Nebenher treibt er einen kleinen Handel mit Landcharten, die er in Kommission hat, oder auch mit Büchern, besonders mit Operntexten, Calwer Tractätchen, Handschuhen u. dgl. Zuerst bietet er dir ein frommes Missionsbüchlein an, und wenn du es kaufst, so schneidet er ein scheinheiliges Gesicht; wenn du es aber lachend zurückgiebst, so ist das Zweite, was er dir anbietet, – ein Mädchen." Es wundert einen dann nicht mehr, daß es auch ein Kapitel „Ein öffentliches Stuttgarter Mädchen" gibt – „Da liegt sie nun auf dem Siechbette des Katharinenhospitals, bleich und abgezehrt und stieren Blicks ..." Das geht wie bei Hogarth, The Harlot's Progress. Ein Kind vom Lande, wie Milch und Blut, „nicht übel erzogen, vielleicht die gescheiteste und gebildetste ihrer Schwestern, die schönste in jedem Falle". Es kommt der Herr mit dem Orden im Knopfloch, der Gesandtschaftssekretär oder privatisierende Baron, es erscheint die alte Frau, die zu Vermittlungsdienste erbötige, und das nimmt seinen Lauf, leckere Frühstücke und durchschwärmte Nächte, mit diesem und mit den Nachfolgenden – „Der Weg der Buhlerin", in ein öffentliches Haus, dann die Vermittlung durch Kellner und Hausknechte, dann das nächtliche Ansprechen jeden Mannsbildes, das ihr nach Einbruch der Dunkelheit zwischen Markt und Hauptstätter Straße begegnet – endlich das Katharinenhospital. Anderswo ist's die Charité, die Salpetrière. Ein Thema mit wenig Variationen. Auch im biedermeierlichen Stuttgart. – „Noch ist das sittliche Leben nicht das frivole einer größeren Stadt, sondern tief gefärbt vom harten Ernst des Luthertums –" schreibt damals der Schwäbische Merkur; für die Majorität sicher zutreffend.

Sollen wir noch an die letzte öffentliche Hinrichtung erinnern, am 27. Juni 1845 auf der Feuerbacher Heide? Ein Volksfest, zu dem die halbe

Stadt schon vor Morgengrauen auf den Beinen war, um die Köpfung einer Mörderin ja nicht zu versäumen. Doch genug von den düsteren Seiten, die das Biedermeier dem genaueren Betrachter überall zeigt.

Im Spätjahr 1838 hält sich Eduard Mörike, er war damals Pfarrer in Cleversulzbach, einige Wochen lang in Stuttgart auf und genießt, was er auf seinem Dorf entbehren muß: Konzert, Theater, Lesekränzchen, Museumsgesellschaft. Er notiert von einem Konzert: Greuliche Festouverture von Lindpaintner – Quartett aus der Entführung „Wer ein Liebchen hat gefunden" – Quartett aus Lachners Geistersturm – „Dagegen eine Sinfonie Beethovens aus C moll! Hinreißend!" Im Hoftheater (es war der um das alte Lusthaus errichtete Bau am Schloßplatz, an der Stelle des heutigen Kunstgebäudes) an einem Abend das Quodlibet „Der Kapellmeister von Venedig", in das Partien aus Don Giovanni eingebaut sind „alles Mozartische Musik, ganz unverhunzt, kräftig und schön gesungen".

Darauf folgt eine Frankfurter Lokalposse „Der Hampelmann im Eilwagen". In der Königlichen Loge die Königin „sehr blaß und alt" und die Prinzessinnen Catharina und Maria „letztere schien sehr aufgeräumt und begleitete die bekannten Melodien einigemale wohlgefällig mit Kopfnicken. Sie trug ein Band mit großen Perlen in den Haaren. Ich sah ein paarmal scharf durchs Perspektiv hinauf".

Das Hoftheater war kaum noch ein Abglanz der brillanten Zeit, die es unter Carl Eugen einmal erlebt hatte; es sollte sich erst wieder unter dem letzten König aus provinzieller Mittelmäßigkeit erheben. Wir haben keinerlei Veranlassung, neidvoll an ein Hoftheater zu denken, das sein Programm großenteils mit Stücken wie dem Hampelmann im Eilwagen füllt, mit „Feuer in der Mädchenschule" – „Eine Tasse Thee" – „Tantchen Unverzagt". – Eher hätte man Lust, an einem Abend in einem Privathaus teilzunehmen, „in einem hellerleuchteten behaglichen Zimmer", wo zunächst Mörike selbst „eine Kleinigkeit" aus seiner Feder vorliest, dann Strauß Kleists „Verlobung auf St. Domingo". „Ich werde auf Verlangen mit einer Milchsuppe traktirt, die Andern mit Fleischwerk und trefflichem Wein, welchem ich auch nicht gänzlich widerstehe. Man blieb bis halb zehn Uhr beisammen." Das als Blick in die winterliche Geselligkeit im biedermeierlichen Stuttgart. Im Sommer spielen die öffentlichen Gärten eine große Rolle, Biergärten mit Militärmusik, die „Silberburg" im Besitz der Museumsgesellschaft einem engeren Kreis vorbehalten, oder, über der Neuen Weinsteige, ein Etablissement, das eine Luft- und Molkenkuranstalt, Schokoladefabrik, Konditorei und Restauration vereinigt.

„Die Industrie und Gewerbstätigkeit hat mit dem Beginn des jetzigen Jahrhunderts einen fühlbaren Schwung genommen. Gegenstände, wofür man früher dem Ausland zinsbar war, werden häufig dorthin versendet, wofür unsere Wagenlackierer- und Tischlerwerkstätten, Pianoforte-, Strohhut- und Seidenfabriken, Drogerie- und Farbenwarenhandlungen und unsere erweiterten Manufakturen ... das Wort reden" so läßt sich ein Stuttgarter Stadtrat vernehmen. Langsam, planmäßig gefördert, entwickelt sich in Württemberg eine vielfältig blühende Industrie. Es ist bemerkenswert, daß die Hauptstadt in dieser Entwicklung keineswegs an der Spitze steht. Namentlich in ehemaligen Reichsstädten, in Heilbronn, Esslingen, Reutlingen geht es mit dem Fabrikwesen rascher voran. Zu den ältesten Stuttgarter Fabriken zählen die Glockengießerei von Kurtz und die Klavierfabrik von Schiedmayer. In der „Gerbervorstadt" entwickeln sich Lederfabriken, zuerst die von Roser. Noch älter sind einige Webereien, darunter die Landauersche. Aus Drogenhandlungen erwächst eine bescheidene chemische Industrie, Möbelschreinereien wachsen empor und spezialisieren sich; einzelne Druckereien nehmen einen beträchtlichen Umfang an.

Im Jahr 1848 wird, als eine besonders nützliche März-Errungenschaft, in Stuttgart die Zentralstelle für Gewerbe und Handel errichtet. Sie wird viele Jahre lang von Ferdinand Steinbeis geleitet, der übrigens ein Neffe von Justinus Kerner und ein Vetter von Wilhelm Hauff war, ein energischer, klarblickender Mann mit faustischen Zügen. Er konnte Außerordentliches bewirken, weil er im ganzen Land tüchtige, strebsame Unternehmer, technisch begabte Handwerker fand, aber auch weitblickende Männer auf den Rathäusern und in der Staatsbürokratie; schließlich in der Person Wilhelms I. einen verständnisvollen König. Gerade diese Zentralstelle hat in segensreicher Weise dafür gesorgt, daß die Industrie sich über das Land verteilte und nicht etwa in der Hauptstadt zusammenballte. „Mitmachen muß man bei der Industrialisierung, nur muß man sehen, daß das Volk nicht auf einen Haufen komme." Zu den zahlreichen jungen Handwerkern, Mechanikern, Ingenieuren, die von Steinbeis über Jahre persönlich gefördert wurden, hat auch Gottlieb Daimler gehört.

Ein entscheidendes Vehikel dieses Fortschritts war die Eisenbahn. In Württemberg wurde die Streckenführung 1843 durch Gesetz festgelegt: Bruchsal–Stuttgart–Ulm–Friedrichshafen und Stuttgart–Heilbronn. Im Herbst 1845 verkehrte der erste Bahnzug zwischen Cannstatt und Esslingen. Um Stuttgart für die Eisenbahn zu erschließen (nach den frühesten Plänen wäre Cannstatt Mittelpunkt des württembergischen Eisenbahnnetzes geworden), müssen der Pragtunnel und der Rosensteintunnel gegraben werden. Im Jahr 1846 fahren auf dem neu errichteten „Eisenbahnhof" die ersten Züge ein und aus. Dieser alte Bahnhof ist ein für die Jahrhundertmitte charakteristisches Gebilde: Hinter einer massiv steinernen Fassade in der Manier der Spätrenaissance ein pompös gemeintes „Vestibül", im weiteren aber Konstruktionen großenteils in Gußeisen, Glas und „Wellenblech". Das technische Wunder, von den heute lebenden Alten noch in ihrer Kindheit bestaunt, war die große Drehscheibe.

Die Entstehung des Industrieproletariats im 19. Jahrhundert hat im 20. Jahrhundert weltgeschichtliche Folgen gehabt. Hat es ein solches Proletariat in unserer Stadt gegeben? Nein; und zwar vor allem deshalb nicht, weil die Industrialisierung gesteuert wurde in der weisen Erkenntnis, vorzusorgen, „daß das Volk nicht auf einen Haufen komme". Doch ist die Frage nach dem Proletariat auch die alte Frage nach den armen Leuten, und deshalb sollten wir, mit dem Blick auf die im 19. Jahrhundert wachsende und sich wandelnde Stadt, noch einen Augenblick da-

Ein Winterabend um 1860. Der Theaterbau von 1846 überkrustet die Reste des barbarisch ruinierten alten Lusthauses.

On a winter evening at about 1860. In 1846 the Theatre was build on the ruins of the old play-house.

Un soir d'hiver vers 1860. En 1846, le bâtiment du théâtre a recouvert les restes de la vieille Lusthaus, barbarement ruinée.

bei verweilen. Die unterste Gesellschaftsschicht: Das sind die Taglöhner und Lohndiener; die Fabrikarbeiter beiderlei Geschlechts; die Geringsten aus der großen Zahl der Bedienten, der Mägde, Köchinnen, Kinds- und Stubenmädchen, Zofen, Hausdiener, Kutscher, Kellner, Lakaien; die Ärmeren und Geringeren unter den Handwerksgesellen, ohne alle Hoffnung, je Meister zu werden; und die Männer mit den armseligsten öffentlichen Ämtern, wie Laternenanzünder und Totengräber. Bei all diesen Menschen, die dürftig, aber nicht unter unmenschlichen Verhältnissen dahinlebten, bedurfte es nur eines Stoßes: Krankheit, Krise eines Gewerbezweiges, Mißernte und teure Zeit – um sie in elementare Not zu versetzen. Um diesen Menschen zu helfen, sind in den 1860er Jahren mehrere Vereine gegründet worden: Verein für das Wohl der arbeitenden Klassen, Arbeiterbildungsverein, Consum- und Ersparnisverein. Gründer und Motor dieser Vereine war Eduard Pfeiffer, als 13. Kind wohlhabender jüdischer Eltern in Cannstatt geboren. Er war auch der erste Jude im württembergischen Landtag, und zwar als Abgeordneter der „Deutschen Partei" ganz auf der Rechten. Von Eduard Pfeiffer ist auch die Initiative zu den ersten Sozialsiedlungen Stuttgarts ausgegangen, Ostheim, Westheim, Südheim. Er ist Ehrenbürger der Stadt geworden, wie zuvor sein Bruder Ezechiel Ehrenbürger von Cannstatt. In der allmählich aufblühenden Industrie wurde auch von einzelnen Unternehmern frühzeitig die soziale Verantwortung erkannt; Robert Bosch ist ein Beispiel dafür.
An Armut, an sozialen Problemen hat es nicht gefehlt. Aber von einem Proletariat kann nicht gesprochen werden. Die bürgerliche Gesellschaft war in sich durchlässig, scharfe Grenzen zwischen hoch und niedrig, arm und reich hat es nicht gegeben. Das gilt für ganz Süddeutschland, hat aber eine spezifisch altwürttembergische Ausprägung einmal in einer relativ guten Sozialstruktur, zum anderen in einem mehr oder weniger demokratisch aufgefaßten Luthertum. – Ein Beispiel für die gemütliche Art, soziale Unterschiede zu machen, ist in den kleinen Weinstuben oder Beckenwirtschaften der große Raum für jedermann und das kleine Zimmer für die besseren Herrn. Hierzu als Gewährsmann Griesinger: „Das große Zimmer ist sehr einfach möbliert, ein paar eichene Tische, ditto Stühle, eine fortlaufende Bank an der Wand ringsherum ... ein Schwenkkessel, ein ungeheurer Ofen, der bis in die Mitte des Zimmers reicht, und schwarz geräuchte Wände ... Hier sitzen Kutscher, Bürger, Bediente, Polizeidiener, Soldaten, Handwerksgesellen. Es wird erschrecklich viel geraucht und erschrecklich laut gesprochen. Das Trinken vergißt auch keiner ..." Und nun das kleine Zimmer: „Da steht ein Sopha vom alten Schlage ... die Stühle sind alle gepolstert, mit langer Lehne; ein kleiner Spiegel hängt an der getäfelten Wand, neben ihm der Dr. Martin Luther, der König, L. Uhland ... Die eichenen Tische sind immer frisch glänzend, und die Fenster mit Vorhängen fast dicht umhüllt ... Hier ist's gut sein, und hier sitzen die alten Zecher, ehrbare Männer vom Handwerksstande, und vielleicht einer vom Schreiberstande darunter ... Männer mit alten verwitterten Gesichtern und glänzenden Nasen." Milde Klassenunterschiede. Penetrante Bürgerlichkeit. F. Th. Vischer hat das, scharfäugig und scharfzüngig, in seinem Stuttgarter Beckenlied gesehen und gesagt:

Der „Eisenbahnhof" nach seinem ersten Umbau 1855, gut in die Häuserfront der Schloßstraße eingefügt. Vis-à-vis der „Posthof".

The "Station" after its first reconstruction in 1855. It is good in tune with the row of houses in the Schloßstraße. Opposite the "Posthof".

Le «Eisenbahnhof» après sa première transformation en 1855, bien incorporé dans la file de maisons de la Schloßstraße. En face, le Posthof.

> Gemütlich ist er sondergleichen,
> O, darin kann ihn nichts erreichen!
> So wohlig sitzt nur Zeck an Zeck
> Im warmen Filz, wie Beck an Beck.

Und vom Sonntagsvergnügen in diesem ehrsamen Handwerksstande:

> Die Beckin folget gern dem Becken,
> Wenn er bei Marquardt lässet decken;
> Sie tunket ein den Hefenschneck
> Und mampft – und zärtlich schaut der Beck.

In diese erzbürgerliche Atmosphäre zucken nur flüchtig, wie Blitze ferner Gewitter, die Kriege von 1866 und 1870 hinein. Württemberg hatte wenig Militär, in den gehobenen bürgerlichen Kreisen hatten nicht viele Familien Söhne bei der Truppe. Doch wurde der siegreiche Krieg gegen die zweihundert Jahre hindurch gefürchteten Franzosen an den Stammtischen, in den Biergärten, auf den Schulhöfen mit innigem Vergnügen ausgekostet. Aus zwei Blättern des Stuttgarter Neuen Tagblatts im August 1870: „Zur Nachahmung. Gestern trat eine Tochter schüchtern in das Zimmer ihres Vaters mit den Worten: Lieber Papa, hättest du nichts dagegen, wenn ich meine goldene Uhrkette zum Besten der Sanitätssache gäbe? Freudiges Staunen ergriff den Vater: Nein, mein Kind, ich habe nichts dagegen, aber ich will die meinige auch dazu legen." Und: „Heute nacht passierten zwei Militärzüge mit bayrischer Landwehr unsere Stadt, welche auf dem Bahnhof bewirtet wurden. Für den zweiten Zug fehlte es an Bier, und man bestellte solches bei Herr Munz. Dieser treffliche Mann hatte nicht nur die Freundlichkeit, mitten in der Nacht aufzustehen und mit seinem ganzen Personal 400 Maß ausgezeichnetes Bier aus seinem Eiskeller zur Stelle zu schaffen, sondern die Großmut, dieses Quantum sogar gratis abzugeben. Ehre dem Ehre gebührt!"

War in der ersten Hälfte des Jahrhunderts das Wachstum der Stadt noch so bescheiden, daß sich der Stadtschultheiß gegenüber dem darob unzufriedenen König einmal gerechtfertigt haben soll „es würden schon wieder zwei neue Häuser gebaut", so beginnt die Stadt, besonders seit den 60er Jahren und seitdem nur noch durch die großen Kriege unterbrochen, sich auszudehnen. Es füllt sich der Talkessel. Vor dem alten Tübinger Tor zieht sich die Bebauung auf Heslach zu, das vom Dorf zur Vorstadt wird; vom Alten Postplatz an der neuen großen Infanteriekaserne vorbei zum Feuersee und im Zug der Rotebühlstraße weiter; der Schloßstraße entlang bis hinaus zum Vogelsang. Mehrstöckige Häuser durchweg; anfänglich noch von biedermeierlicher Schlichtheit oder mit einem Anflug von klassizistischer Noblesse, mit Durchfahrten zum Hof und den rückwärtigen Stallungen und Kutscherwohnungen; späterhin in dichten Reihen Mietshäuser, drei- und vierstöckig, bisweilen Natursteinfassaden, zunehmend Backsteinbauten mit angeklebtem Zierat nach gotischen, maurischen, Renaissancevorlagen. Manche Verzierung freilich tüchtige Steinmetzenarbeit, auch wohl einmal ein gut geschmiedetes und verziertes

Gitter. Abgeplattete Schieferdächer, von derben Kaminen überragt; rückwärts gegen die billigen Hinterhäuser gekehrt die blechernen Küchenbalkone; in besseren Wohngegenden rückwärtig, gegen Gärten und Baumwipfel, breite Balkone oder Veranden, behaglicher Aufenthalt in der schönen Jahreszeit. Stuttgarts vornehmste Gegend, bevor die Bebauung die Hänge hinaufklimmt, ist die Neckarstraße; am Beginn die Residenzbauten aus der Ära König Wilhelms I.: Palais, Staatsarchiv, Bibliothek, Museum der bildenden Künste, schlicht und nobel, aber von manchen Fremden auch als Mediokrität empfunden, z. B. von Hebbel; draußen auf einer Anhöhe die neue Kronprinzliche Villa Berg in maßvollen italienischen Renaissanceformen.

Gegen Ende des 19. Jahrhunderts beginnt die sich dehnende Stadt die Hänge hinaufzuklimmen. Eine langsam sich vollziehende, aber höchst bedeutsame Verwandlung der Stadt, ihrer Atmosphäre als Wohnort. Waren die Hänge, Hügel, Berglehnen bisher als Weingärten Nahrungs- und Erwerbsgrundlage, waren seit dem Biedermeier nur einige Punkte als Ausflugsziele, als Biergärten, Molkenkuren den Bürgern angenehm, so beginnen nun mehr und mehr Menschen die Hänge zu bewohnen, mit dem Blick über die Stadt hinweg, mit dem täglichen, nächtlichen, durch die Jahreszeiten sich wandelnden Erleben dieser kaum vergleichlichen Stadtlandschaft. Das, was uns heute an Stuttgart fast unvergleichlich dünkt, beginnt erst in den Jahren um 1900.
Der Schreiber dieser Zeilen steht nicht im Verdacht, die diversen guten alten Zeiten zu verherrlichen. Das Stuttgart der letzten Jahre vor dem ersten Weltkrieg aber bietet auch den kritisch Zurückschauenden ein Bild, auf dem Heiterkeit, Behaglichkeit und Harmonie überstrahlen, was es an Ungerechtigkeit, Heuchelei und Schmutz damals und hier auch gab. Mittelpunkt der Stadt der Schloßplatz, geräumiger Treffpunkt, in den schattigen Kastanienalleen oder an einer der Säulen des Königsbaus oder, vornehm, im Hotel Marquardt; mittägliche Wachtparade, Militärmusik, flanierende Bürger und neugierige Fremde, die dem Schloß in die Fenster gucken; die Wohnung des Königs ein wenig abseits, die Planie hinauf, in dem schlichten Wilhelmspalais. Als das Hoftheater abbrennt, entstehen in den oberen Anlagen die neuen Hoftheaterbauten, das Große Haus, das überdauert hat, und das den Alten unvergeßliche Kleine Haus – eine in die Schloßgärten komponierte Anlage, die ihresgleichen sucht, eine würdige Stätte für eine Oper und ein Schauspiel von Rang; gar nicht mehr provinziell. Der König Wilhelm II., der letzte in der langen Reihe der Regenten aus dem Hause Württemberg, war ein Herr, der freisinnig und freigebig sein Theater hat aufblühen lassen; in dem Baron Putlitz hatte er sich einen großartigen Intendanten herangeholt.
Freiheit, nicht nur auf dem Theater. Die gute Ordnung, die wirtschaftliche Blüte hat Württemberg als Teil des Deutschen Reichs wilhelminischer Prägung genossen und mehr oder weniger dem Reich verdankt. Was aber jenes Deutsche Reich in der Rückschau ärgerlich oder lächerlich macht: soziale Ungerechtigkeit, die anmaßende Präponderanz des Militärs und ein tief ins Bürgertum reichendes gespreiztes und ridiküles Gehabe war hier, wie überhaupt in

Süddeutschland, gemildert. In Stuttgart war der Gerichtsstand für den in München erscheinenden Simplizissimus, in dessen Spalten jene Schwächen am witzigsten bloßgestellt wurden; hier fanden unter vernünftigen, mit einem Tropfen demokratischen Öls gesalbten Richtern die Majestätsbeleidigungsprozesse statt, wenn es der Simpl wieder einmal gar zu frech getrieben hatte; mit den Brüdern Haußmann, Advokaten und Politiker, verband den Herausgeber des Simplizissimus, Ludwig Thoma, eine erprobte Freundschaft.

Ein König, fürstlich in seinen Neigungen zum Theater und zur Jagd, sonst bürgerlich gestimmt, im Politischen zurückhaltend, konstitutionell auch seiner Natur nach; eine wenig dünkelhafte, dem Bürgerlichen zuneigende Hofgesellschaft; das Militär stramm, aber volkstümlich; Verwaltung und Justiz gediegen und zuverlässig; das Bürgertum lebt nach dem Motto „Tages Arbeit, abends Gäste, saure Wochen, frohe Feste", fleißig bei den Geschäften, sparsam, ohne sich zu kasteien, Frühschoppen und abendliches Viertele (wozu ungezählte Gelegenheiten in der Schillerei, der Warmen Wand, der Schule, der Kiste, der Ofengabel ...); das Fabrikwesen nirgends zu scheußlichen Klumpen geballt, die Arbeiterschaft nicht proletarisiert, handwerksbewußt, viele Haus- und Grundbesitzer; die Unternehmer oft aus dem Handwerk aufgestiegen, manche darunter von erstaunlichem Weitblick, nicht nur im Technischen, sondern auch im Sozialen; Robert Bosch ein großes Beispiel dafür. – Auf einer der Schillerfeiern – war es 1905 oder 1909? – wurde den Vertretern der Gewerkschaften Ehrenplätze zugewiesen, auf ausdrückliche Weisung des Königs.

Die Stadt wächst, wird zur Großstadt. Ein entscheidender Schritt ist der Zusammenschluß mit Cannstatt, im Jahr 1905. In lockerer Bebauung bedecken sich die Hänge, die Gänsheide hinauf, die Lenzhalde, der Kriegsberg, ringsherum. Gediegene Häuser für wohlhabende Bürger, häufig Mietshäuser, dazwischen, darüber herrenmäßige Villen, die mit Terrassen und Pergola Florentiner Erinnerungen wecken. In den 1890er Jahren noch Kommerzienratsburgen mit Erkern, Söllern, Türmen, dann der Jugendstil, in den letzten Jahren vor dem Krieg dann eine gereinigte, beruhigte, heitere Bauart; ein neugewonnenes Maß, das auch anspruchsvolle Häuser gelingen läßt, wofür die Villa Reitzenstein ein schönes Beispiel ist. – Das damals neue Rathaus in einer Art von flandrischem Spätgotik-Renaissance-Stil gehört noch einer Periode des Nachahmens historischer Stile an wie das Landesgewerbemuseum. Im Gustav-Siegle-Haus zeigt sich der Jugendstil. Nach dem Theaterbrand entstehen neben dem Schloß die Theaterneubauten, die unzählige Menschen beglückt haben und noch beglücken, und auf der Brandstätte Fischers Kunstgebäude. Endlich, kurz vor Kriegsausbruch, wird der neue Hauptbahnhof in Angriff genommen, mit dem Paul Bonatz eine neue Bauepoche einleitet. Bonatz, ein Schüler Fischers, lehrte an der Technischen Hochschule Architektur; er hat sich am Bismarckturm sein Haus gebaut; wer etwas von dem frohen Leben erfahren will, das in Stuttgart um 1910 herum geherrscht hat, lese seine Lebenserinnerungen.

Mit dem 1. August 1914 beginnt die Welt sich zu verwandeln, und da will es wenig besagen,

Eine Dampfwalze im „Postdörfle". Die Maschine und die Fassade dahinter demonstrieren den Fortschritt. Zeichnung von F. Faller, 1879.

A steamroller in the "Postdörfle". The engine and the façade of the houses in the background are demonstrating progress. Drawing by F. Faller, 1879.

Un rouleau à vapeur à la «Postdörfle». La machine et la façade démontrent le progrès. Dessin de F. Faller, 1879.

daß auch Stuttgarts glücklichste Zeit zu Ende ging. Die Erregung der Menschen in jenen Hochsommertagen ist bei keinem historischen Ereignis jemals in dieser Tiefe und Allgemeinheit erreicht worden. In Stuttgart und anderen Garnisonen seines Landes fuhr der König von Kaserne zu Kaserne, die Männer standen um ihn auf dem Kasernenhof, in Zivil, hemdsärmlig oder in der neuen feldgrauen Montur, er gab ihnen ein paar Worte auf ihren Weg, Württembergs geliebter Herr in diesen Stunden mehr als irgendeiner seiner Vorgänger durch die Jahrhunderte, und zum letztenmal. Die Regimenter zogen aus, schlugen ihre blutigen Schlachten, Siegesmeldungen trafen ein; dann läutete es von den Kirchtürmen, und von allen Balkonen flatterten die Fahnen schwarz-weiß-rot und schwarz-rot, und die Straßenbahnen fuhren bewimpelt wie beim Volksfest. Für die, die den zweiten Weltkrieg erlebt haben, totaler Krieg vom ersten Tage an, ist es merkwürdig zu wissen, daß am Neubau des Hauptbahnhofs bis 1916 kräftig gearbeitet wurde; dann erst traten kriegswirtschaftliche Prioritäten in Kraft, und der Bau mußte einige Jahre lang ruhen. – Der Krieg war lang genug für viele Siegesmeldungen; für immer längere Verlustlisten; lang genug, daß Entbehrung und Hunger sich ausbreiteten, Schiebungen und Kriegsgewinn. Es ist in Stuttgart weniger gehungert worden als in anderen Großstädten; die vielen Gärten und kleinen Güter, die enge Verbindung der städtischen Bevölkerung mit ländlicher Verwandtschaft haben mildernd gewirkt. Man erlebte Fliegerangriffe, feindliche Luftschiffer lehnten sich aus ihren Aeroplanen und schmissen eiserne Pfeile und Splitterbomben auf Dächer und Straßen hinunter; es gab Tote, einzelne, ein Dutzend. Tausendfach gestorben wurde weit draußen, in Rußland und Serbien, in Flandern und den Argonnen.

Das große Sterben nahm ein Ende, als im Spätherbst 1918 der Krieg zu Ende ging, aber nicht die Sorgen, die Entbehrungen. Die Kronen, glanzlos längst, rollen in den Staub. Auch in Stuttgart zieht ein langer Zug von Arbeitern und Kieler Matrosen nach einigem Hin- und Herschwenken vor das schlichte Haus des Königs, der in dieser Stunde ein ziemlich einsamer alter Mann inmitten seiner Residenzstadt ist. Ein Automobil mit einer Schutz- oder Ehrenwache des Arbeiter- und Soldatenrats bringt den abgesetzten König zu seinem Jagdschloß Bebenhausen. – Nach jenem verlorenen Krieg hat kein fremder Soldat Württemberg betreten; jenseits der Grenzen waren die letzten Schüsse verhallt. Aber die Düsterkeit, Not, Zerrissenheit jener Jahre, vom Herbst 18 bis zum Herbst 23 waren entsetzlich. Es war kein Neubeginn. Die fiebrigen Nachwehen des Krieges enthielten schon die Giftkeime des künftigen Krieges. Spartakus und Freikorps würfeln miteinander auf der Landsknechtstrommel. Während des Kapp-Putsches gilt Stuttgart als einigermaßen sicher. Die Reichsregierung, Reichspräsident Ebert, schlagen für kurze Zeit ihren Sitz hier auf, tagen im festen Turm des neuen Hauptbahnhofs.

Dieser Bahnhof geht nun, in den schwersten Jahren, langsam seiner Vollendung entgegen. Anfangs stand dort noch das Königstor, aus des dicken Friedrichs Zeiten, am Eingang der Königstraße. Dann weicht es dem zunehmenden Verkehr. Provisorische Ausstellungsbauten werden gegenüber dem Bahnhof und dem Marstall

Blick auf Stuttgart um 1850.

Panorama of Stuttgart in 1850.

Vue de Stuttgart vers 1850.

errichtet, in den späten 20er Jahren dann der Hindenburgbau und das Planetarium. Ein paar leidlich beruhigte Jahre, 1924 bis 1928, lassen die Menschen aufatmen. Das Hungern ist zu Ende, nach der bösen, am Ende grotesken Inflation gibt es wieder ein gültiges Geld, die Industrie erringt wieder Positionen auf dem Weltmarkt, ein bißchen Lebensfreude kehrt zurück – in dieser Stadt nicht hektisch (wie im Berlin der „golden Twenties"), sondern als ein Abendlicht alter Bürgerbehaglichkeit. In diesen Jahren schreibt Ringelnatz ein Gedicht von einer Stuttgarter Weinstube –

>   Würdebärte schlürfen kräftig
>   Vichtig diskutierte Weine.
>   Links im Laden bückt die kleine
>   Bäckerstochter sich geschäftig.
>
>   Zinn blitzt von der Holzfassade,
>   Zeichnungen an allen Wänden,
>   (Stumm, mit mehlbestäubten Händen
>   Rückt der Wirt die schiefen gerade).

Ein paar Jahre noch ... dann: Börsenkrach in Amerika, Wirtschaftskrise, Arbeitslosigkeit, Zerfall der Autorität der Regierungen, und ein immer wilder werdender Parteienkampf, Zerfall der Mitte, Anschwellen der Nazipartei. Nichts hilft es am Ende, daß es in Württemberg weniger Arbeitslose gibt als anderswo, weniger Not, daß die politische Mitte etwas mehr Widerstandskraft hat ... man geht auch hier den Weg, den das deutsche Volk in jenen Jahren gegangen ist, in den falschen Frühling von 1933. An einem Maitag dieses Jahres wird der letzte demokratische Ministerpräsident, Eugen Bolz, im „Hotel Silber" von der Polizei verhört. Es spricht sich herum (dafür wurde gesorgt) – als Bolz von Beamten begleitet unter der Tür erscheint, um in den Wagen zu steigen, empfängt ihn eine Menschenmasse mit Hohn- und Schmährufen ...

>   Hoch schießt empor die Saat,
>   Verwandelt sind die Lande,
>   Die Menge lebt in Schande,
>   Und lacht der Schofeltat!
>   Jetzt hat sich auch erwahrt,
>   Was erstlich war erfunden:
>   Die Guten sind verschwunden,
>   Die Schlechten stehn geschart.

Ja, so war es, auch bei uns. Und nirgends zeigt es sich so deutlich, wie bei der allmählich zunehmenden Verhöhnung und Verfemung der jüdischen Mitbürger. Auch in Stuttgart und Cannstatt werden im 6. Jahr der Hitlerherrschaft die Synagogen niedergebrannt, und selbst das blieb das Schlimmste nicht.
Der zweite Weltkrieg, von Hitler provoziert, von der Mehrzahl seiner Anhänger freudig in Kauf genommen, hat Stuttgart zum erstenmal in seiner Geschichte zerstört. In der Mitte des Krieges nehmen die Luftangriffe an Zahl und Schwere zu, um sich im Jahr 1944 zu vernichtender Wucht zu steigern. In drei Julinächten sinken ganze Straßenzüge, besonders im Stadtkern, in Schutt und Asche. Ein Angriff in den späten Abendstunden des 12. September 1944,

Stuttgart von der Reinsburg. Wilhelm Pilgram (1814–1889).

Stuttgart seen from the "Reinsburg". By Wilhelm Pilgram (1814–1889).

Stuttgart, de la Reinsburg. Wilhelm Pilgram (1814–1889).

mit dem Schwergewicht auf westlichen Stadtvierteln, läßt 160 000 Brandbomben auf Stuttgart herabregnen – von der Schwabstraße und Rosenbergstraße bis zum Herdweg lodert ein einziger Feuerofen; dieser Abend fordert 957 Tote und macht 50 000 Menschen obdachlos. Insgesamt haben bei den Angriffen in jenem Jahr weit über 150 000 Stuttgarter das Dach über dem Kopf verloren. Die Verwüstungen ziehen sich bis in die Vororte hinaus, bis in die Wälder. Von allen markanten oder geschichtlich bedeutenden Bauwerken ist allein das große Haus des Staatstheaters ohne ernste Schäden geblieben. An die Möglichkeit des Wiederaufbaus der Schlösser und der alten Kirchen hat damals kaum jemand noch ernstlich geglaubt. Große Teile der Bevölkerung, die Obdachlosen, die Schulen waren evakuiert, auf die Alb, ins Oberland. Doch wohnten, als im April 1945 die alliierten Armeen über den Rhein drangen und Rückmarsch, Nachhutgefechte und Vormarsch der Sieger sich dem Neckar zuwälzten, noch eine Viertelmillion Menschen im Stuttgarter Stadtgebiet. Ihnen drohte das Schlimmste, nicht so sehr von den Feinden, als von den kopf- und herzlosen letzten Handlangern des sogenannten Führers, der in seinem Bunker unter der Reichskanzlei noch lebte – befohlen war der Neroplan, demzufolge nur verbrannte Erde in Feindeshand fallen dürfe. Was in der furchtbar zerstörten Stadt dank immer neuer Flickarbeit noch funktionierte, etwa die lebenswichtige Wasserversorgung, sollte zugrunde gerichtet werden. Daß dieser Wahnsinn nicht ausgeführt wurde, ist in Stuttgart vor allem dem Oberbürgermeister Strölin zu danken. Am 21. April 1945 hat Strölin die Stadt den Franzosen übergeben. Da er nicht Stadtoberhaupt bleiben durfte, hat er dem Militärbefehlshaber den Rechtsanwalt Arnulf Klett als Nachfolger benannt; der wurde es und ist es geblieben.

Nun war die Angst vor den Luftangriffen verschwunden. Verschwunden auch die Angst vor der am Ende tollwütigen Partei. Geblieben waren der Hunger, die Trauer um die Toten, die Sorge um alle im Ungewissen Abwesenden. Neu waren die Plackereien und Nöte, zu denen die militärischen Instanzen den alten Kommentar „C'est la guerre" gaben. Völlig ungewiß, verschleiert im Ruinenstaub, die Zukunft. – Im August zogen sich die Franzosen auf ihre neue Demarkationslinie zurück. Die Amerikaner übernahmen die Herrschaft. In Stuttgart richtete sich die Regierung des Landes Württemberg-Baden ein, zuständig für das amerikanisch besetzte Südwestdeutschland, mit Reinhold Maier als Ministerpräsident.

Und damit genug von der Geschichte unserer Stadt. Wir sind der Gegenwart nahe in unserem kleinen Bericht. Zwar erscheinen jene Jahre 1945, 1948, die den einen ein Stück Lebensinhalt, Lebenswende sind, anderen, jungen schon als versunkene Historie, wie unsereinem Königgrätz und Gravelotte – sofern sie überhaupt einen Gedanken darauf verschwenden. Und doch gehört, was in diesem letzten Vierteljahrhundert geschehen ist, zur Stadt von heute. Das Aufräumen, der Wiederaufbau der ersten Jahre vollzog sich noch ganz (und für viele dieser ärmlich gekleideten, mageren, hungrigen Männer und Frauen wörtlich bewußt) nach dem Bibelwort „Sie werden die alten Wüstungen bauen, und was vorzeiten zerstört ist, aufrichten; sie werden die verwüsteten Städte, so für und für zerstört gelegen sind, erneuern" (Jesaja 61,4). Die ersten eigentlichen Neubauten: die Liederhalle, das Rathaus, der Fernsehturm wirkten auf viele noch frappierend. Später gewöhnt man sich an das Neue. Schon in den 50er Jahren setzt ein so gewaltiges Bauen ein, daß ein Franzose einmal den merkwürdigen Gedanken ausgesprochen hat: wie im Krieg die Bomben auf diese Stadt hinabgeregnet seien, so stünden nun die neuen Bauten wie vom Himmel herabgefallen da.

Rasch, anfänglich über das Tempo des Bauens hinaus, hat sich die Stadt wieder bevölkert. Zuerst kehrten die Evakuierten aus ihren Dörfern zurück; dann, über Jahre verteilt, die Gefangenen und viele der Vermißten; dazu, meist auf dem Umweg über ländliche Bezirke, Flüchtlinge und Heimatvertriebene; viele auch aus dem Norden (neben der geschichtlich erzwungenen Ost-West-Wanderung vollzieht sich ja in Deutschland auch eine Bewegung von Norden nach Süden); zuletzt die Gastarbeiter aus allen Ländern von Portugal bis zur Türkei. Nach den Jahren der totalen Armut, 1944 bis 1948, hat sich ein nie geahnter, der Tradition dieser Stadt fremder Wohlstand ausgebreitet, mit seinen Segnungen und seinem Unsegen. Ein nie zuvor erhörter Konsum regiert die Wirtschaft und beherrscht das Denken und Fühlen der Massen. Das eindrucksvollste Beispiel ist der Autoverkehr, dessen Ausmaß ihn zum vielleicht ersten Problem der Stadtverwaltung gemacht hat.

Materiell sind die kühnsten Hoffnungen der Optimisten seit jener Stunde Null hoch übertroffen worden. Doch hat jedes Ding seinen Preis.

Die Stadt heute und morgen

Einzigartig, in den Grundzügen unverändert, bleibt die Landschaft dieser Stadt. In ihrer Bevölkerung, trotz allem Wandel, allem Zustrom, ist ein starker Bodensatz alter Familien geblieben, durch Blutauffrischung eher gestärkt als verwässert, noch immer von alter Prägung, besonders in den Vororten, in Botnang und Feuerbach, in Heslach, Gablenberg, Wangen, Untertürkheim; und dauerhaft wie die Familien zahlreiche Firmennamen. Verwandelt aber ist das Stadtbild. Wohl ist mit Liebe und großem Aufwand Altvertrautes aus dem Kriegsschutt wiedererstanden, um den Schillerplatz und Schloßplatz herum, und die Dächer der wiederaufgebauten Stiftskirche, des Alten Schlosses, des Prinzenbaus haben in bald zwanzig Sommern und Wintern schon wieder Patina angesetzt; in anderen Stadtteilen hat sich Altes ziemlich erhalten, in Cannstatt sowohl die Altstadt wie das Kurviertel. – Doch ist die Stadt von heute etwas anderes als das gewachsene, fortentwickelte alte Stuttgart, dessen Geschichte wir skizziert haben. Das Stuttgart von heute, mit seinen Problemen von morgen, ist eine neue Stadt. Die Probleme unserer Stadt heute sind denen einer mittleren japanischen Industriestadt näher verwandt, als den Problemen, die das Stuttgart von 1900 zu lösen hatte.

Kein Mensch, nicht der klügste, nicht der phantasiereich-kühnste, hat zu ahnen vermocht, welche Entwicklung von jenen von keinem Pferd gezogenen, aus sich selbst bewegten Droschken erwachsen würde, die Gottlieb Daimler in seiner Werkstatt in der Nähe des Cannstatter Kurparks bastelte, und die um 1900 gelegentlich im Stadtbild auftauchten, auch schon, Staub aufwirbelnd, zu Landpartien benutzt wurden. Heute ist das Auto im Nah- und Fernverkehr unentbehrlich, es ist aber, weit über seine Notwendigkeit hinaus, zum abgöttisch verehrten Riesenspielzeug der Gesellschaft geworden. So ist es dahin gekommen, daß der Automobilbau mit der weitverästelten Zulieferungsindustrie ungefähr ein Fünftel der deutschen Industrieproduktion ausmacht; im Großraum von Stuttgart ist der Anteil noch weit höher. Wirtschaftliche Gesundheit und Wohlstand sind mit dem Gedeihen dieses des Wohlstands liebsten Kindes fast unlösbar verflochten. Die Auswirkungen auf das Leben des einzelnen, das Zusammenleben der Menschen, die Lebensauffassung, die Moral, das Leben einer Stadt, ihrer Struktur, ihrer Planung sind fast unermeßlich. – In Untertürkheim und Sindelfingen werden die vielleicht gediegensten Automobile der Welt gebaut. Es bedeutet sehr wenig, wenn man sagt, daß der Mercedesstern Stuttgart in aller Welt vertritt, und nicht das Rößle im Stadtwappen; weit mehr – der Mercedesstern ist zu einem der bekanntesten Symbole der Erde geworden, neben dem Stern der Weltrevolution und jenem anderen Symbol, dem fast zweitausend Jahre alten. Dieser Vergleich mag manchen schockieren. Doch denke man ruhig einmal darüber nach, was im Bewußtsein und Unterbewußtsein des Zeitgenossen der dreizackige Stern bedeutet, und was das Kreuz.

Stuttgart, die Wiege des Automobils, muß dessen Auswirkungen unter besonders schwierigen Voraussetzungen bewältigen. Der Grad der Motorisierung ist in unserer wohlhabenden Stadt außerordentlich hoch. Die Berg- und Tallage erschwert die Kanalisierung der Autoströme außerordentlich. Im Kessel der Innenstadt ist die

Belästigung durch die Abgase besonders intensiv. Es ist in den letzten Jahren über und unter dem Boden sehr viel geschehen, um den dauernd wachsenden Verkehrsstrom zu bändigen, dem Bedarf an Parkplätzen nachzukommen. – Wenigstens im Bereich des Schloßplatzes und der oberen Anlagen ist ein Raum für spazierende und ausruhende Menschen entstanden. Von der Planie zum Hauptbahnhof kann man auf schönen, vom Straßenverkehr unbehelligten Wegen zu Fuß gehen.

Zählt man zu den Maßnahmen zur Bewältigung des Autoverkehrs die Aufgaben der öffentlichen Nahverkehrsmittel, die Bedürfnisse der Bahn und die Anforderungen des Luftverkehrs, so erhält man ein Bild davon, in welchem Ausmaß die Mobilität von Menschen und Gütern die Stadt von heute, ihre Vorsorge für morgen, bestimmt. Der von der öffentlichen Hand betriebene Schienenverkehr über und unter dem Boden hat die meisten Argumente wirtschaftlicher und sozialer Vernunft für sich; er bestimmt den Verkehrsablauf, insbesondere den Berufsverkehr, der Weltstädte; hier liegen auch für eine mittlere Großstadt wie Stuttgart die Lösungsmöglichkeiten. Die ersten Etappen sind erkennbar. Unter dem Charlottenplatz haben wir eine Art Metro-Station, die man vorzeigen kann. – Die absolute private Mobilität ist ein sehr teurer Luxus.

Alles hängt davon ab, daß diese Stadt eine wohnliche Stätte bleibt, wo Menschen menschenwürdig leben können, Kinder gedeihen, Alte ihren Platz haben; daß es eine Stadt bleibt, die lieben kann, wer zu lieben vermag. Stuttgart hat, unter den vergleichbaren Städten nicht nur in Deutschland, außerordentliche Vorzüge. Die reich gegliederte, in Hügeln auf- und abschwellende Stadtlandschaft macht es einem großen Teil ihrer Bewohner möglich, in freier Lage, mit weiter, oft beneidenswert schöner Aussicht zu wohnen; nicht nur an den Hängen, auf den Höhen des Talkessels, sondern auch mit Ausblicken auf und über das Neckartal oder mit einem freien Blick über kleinere, intimere Mulden und Täler, in Botnang, Gablenberg oder wo immer. Die Wälder, sorgfältig gepflegt und noch nicht allzusehr geschmälert, umgeben weithin die Stadt, bedecken besonders im Westen weite Flächen, reinigen und würzen den Wind, der wohltätig in den vergifteten Dunst hineinbläst. Heilquellen, nach denen sonst die Menschen Reisen machen, haben wir in unserer Stadt. Die starke landschaftliche Gliederung des Weichbildes läßt von keinem Standort den Eindruck einer großen Zusammenballung zu. Die Wälder . . . Sie umfangen die innere Stadt von Nordwesten, Westen, Südwesten, Süden und Südosten. Sie beherrschen Degerloch und Sillenbuch, umgürten das industriereiche Feuerbach, umschließen Botnang gänzlich und flankieren die ausgedehnten neuen Wohngebiete von Weilimdorf. Man überlege sich einmal, wie viele Stuttgarter von ihrer Wohnung aus rasch und bequem zu Fuß den Wald erreichen. – Die schönsten stadtnahen Wälder breiten sich im Westen aus. Rotwildpark, Schwarzwildpark – königliche Wälder in des Wortes doppelter Bedeutung; Eichen, Buchen, Forchen, Birken, darunter herrliche Baumriesen; dichter Wald und parkartige Partien wechseln; in den Alleen, den Pavillons in ihren Schnittpunkten, beim

In front of the station. Etching by Reinhold Nägele, October 1926.

Bahnhofsplatz. Radierung von Reinhold Nägele, Oktober 1926.

Place de la Gare. Eau-forte de Reinhold Nägele, Octobre 1926.

Bärenschlößle der Charakter des fürstlichen Wildparks noch deutlich. Die Wälder sind noch so weit und breit, daß sich selbst an Schönwettersonntagen in einiger Entfernung von den Parkplätzen und Hauptwegen die Menschen alsbald verlaufen, der Lärm verebbt, Meise und Laubsänger, Specht und Dompfaff das Wort haben. Sonntage in der schönen Jahreszeit können noch immer Erinnerungen an den Osterspaziergang im „Faust" wecken, etwa im Feuerbacher Tal, sonnig zwischen den Schatten von Kräherwald und Augenwald, spielende Kinder in den Wiesen, Betrieb, Schmausen und Geschwätz in einer Gartenwirtschaft, einige Reiter im Schritt daran vorbei, von den Kindern begafft, Spaziergänger, Kinderwagen, Hunde aus den Waldsäumen auftauchend, Schüsse vom Schützenhause her. Und, wie eh und je „Nichts Bessers weiß ich mir an Sonn- und Feiertagen als ein Gespräch von Krieg und Kriegsgeschrei..." oder „Nein, er gefällt mir nicht, der neue Burgemeister! Nun, da er's ist, wird er nur täglich dreister. Und für die Stadt, was tut denn er?"

Frappierend, oft sehr reizvoll, die Kontraste von Altgewohntem und Neuem. Da bräuchten wir im Feuerbacher Tal nur ein Stück aufwärts gehen, um an einer Gruppe von Wohntürmen emporzusehen, die vor das alte, im Kern noch dörflich anmutende Botnang einen nie geahnten Akzent setzen. Geradezu schön ist das Bild, wie über die Neckarlandschaft zwischen Münster und Hofen, über den jahrhundertealten, vertrauten Weinbergterrassen die mächtigen Wohntürme von Freiberg und Mönchfeld ragen. Hier oben findet man ein Stück Stuttgart, wo man das Bild der Stadt von morgen, von übermorgen ahnen kann.

Die kurioseste Merkwürdigkeit der Stadt ist die Wilhelma. – König Wilhelm I. hatte sich zu Anfang seiner Regierung das Schloß Rosenstein bauen lassen, auf einem Hügel über dem Neckar, mit dem Blick auf Cannstatt und die Flußlandschaft, die damals, vor 150 Jahren, etwas Paradiesisches gehabt haben muß – ein Landschloß in klassizistischen Formen und nach englischem Geschmack, in einem weiten englischen Garten, der in die unteren Anlagen übergeht. Als der König alt wurde, ein wenig müde von den Geschäften, da kam wohl etwas wie die Sehnsucht nach den romantischen Vorstellungen seiner unruhigen, leidenschaftlichen Prinzenzeit über ihn. Und er ließ sich, zu Füßen seines Rosenstein, ein maurisches Schlößchen erbauen, auf sanft ansteigendem Gelände, mit Gartensalon und Kiosken, rot und gelb gestreifter Sandstein, mit Steinfiligran geschmückt, Wasserbecken und Brunnen zur Zierde und Belebung der terrassierten, von den niederen Bauten in Höfe gegliederten Gärten, mit üppig besetzten Gewächshäusern – ein Königsspielzeug! Wer weiß, wie der König aufs Maurische kam, vielleicht von seiner geliebten Pferdezucht her. Übrigens verwahrte der alte Herr in einem der Salons eine Bildersammlung weiblicher Nuditäten, die ihresgleichen suchte; so meint jedenfalls Bismarck, dem sie vorgezeigt wurde. Gelegentlich wurden höfische Feste hier gefeiert, so einmal zu Ehren des alten Meyerbeer, wozu das Schlößchen die passendste Kulisse abgab. Einmal, in einer Frühjahrsnacht des Jahres 1875, haben hier zwei französische Dichter einander in Trunkenheit blutig geschlagen – Verlaine und Rimbaud. – Zwei Menschenalter hindurch hat die Wilhelma einen sanft dahindösenden Schlaf getan, von

Hier hat Reinhold Nägele, bei Abbrucharbeiten an der Königstraße 1926, das Motiv behandelt, das uns heute nur zu gewohnt ist: das Wühlen im Boden der Stadt.

When some houses in the Königstraße were pulled down in 1926, R. Nägele dealt with a motive, to which we are well accustomed in our present age: construction work underground.

Là Reinhold Nägele, lors de démolitions dans la Königstraße, à traité en 1926 le motif auquel nous sommes tellement habitués aujourd'hui: creuser et fouiller le sol de la ville.

Gärtnern und Invaliden behütet und von Sonntagnachmittagsbesuchern nicht sehr gestört. Seit dem letzten Krieg ist hier ein zoologischer Garten von Rang entstanden; soweit möglich, in die alte Schloßanlage hineinkomponiert, oberhalb breit ausgreifend, Rasenflächen, Baumgruppen des Rosensteinparkes in die Freigehege einbeziehend. Hundertjährig sind nun manche der knorrigen Magnolienbäume, der Efeustämme, die am Gemäuer emporwuchern; in schwerem Flug läßt sich ein Pfau darauf nieder. Intime Gartenhöfe wechseln mit weiten Parkflächen, auf denen Zebras galoppieren, Flamingos zwischen üppigen Blumenbeeten einherstelzen. Gewächshäuser mit Azaleen, Kamelien, Kakteen wechseln mit Aquarium- und Terrariumbauten, bei denen das abgeschliffene Wort „Sehenswürdigkeit" sein ganzes Gewicht erhält. Von den erhöhten Altanen geht der Blick über die Neckarlandschaft, die mit ihren Fabriken, von Autos, Bahn und Frachtschiffen durchpulst, längst nicht mehr paradiesisch genannt werden kann, die aber in den starken Kontrasten von sanft Ruhenden und fließender Unrast, von zarter Schönheit und brutalen Akzenten voll eigentümlicher Reize ist.

Mit solchen Kontrasten müssen wir leben in dieser Stadt, verantwortlich um das Gleichgewicht besorgt. Die dahinschießende Unrast, der Lärm, die gefährlichen Dünste, die brutale Monumentalität vieler Bauten sind Elemente unserer Zeit, man kann sie nicht beschwörend bannen, aber man muß sie bändigen um des Menschen, um des Lebens und Fortlebens willen. Das Lebensfreundliche, Lebensbewahrende, Lebensspendende ist stark in dieser Stadtlandschaft, ihren Wäldern, ihren grünen Hängen, ihren Gärten. Videant consules – richtig. Aber der einzelne kann vieles tun und lassen; zum Beispiel ist es eine private Entscheidung, ob ein Vorgarten grün bleibt oder ob er ein Autostellplatz wird; die Summe solcher Entschlüsse bestimmt schon den Charakter einer Straße.

Stuttgart ist heute in der Welt nicht nur durch Autos berühmt und andere Produkte der Ingenieurphantasie, der technischen Forschung und der Mechanikerpräzision. Stuttgarts kulturelle Ausstrahlung ist so stark wie noch nie in seiner Geschichte. Weltruf haben seine Oper, sein Ballett, ein Kammerorchester und eine Kantorei. Das Theater unserer Stadt hat in den letzten zwanzig Jahren Aufführungen moderner Musikdramen, klassischer Opern, Ballettabende erlebt, bei denen genial Geahntes, kühn Gehofftes zum bejubelten Ereignis geworden ist. Der Historiker hat das Recht, zu fragen, ob hier jemals eine Frau gelebt hat, um die Stuttgart von der Welt beneidet worden ist, wie Marcia Haydee. – Wer an einem Mai- oder Juniabend aus dem Theater während der Pause hinaustritt auf die Freitreppe, auf die zwischen dunklen Baumwipfeln hochsprühende Fontäne schaut, den Blick hinüberschweifen läßt über den Rosengarten zum Schloß, die vertrauten Türme dahinter, die sanften Höhen ringsum, dann zurückblickt, hinauf zu den Fenstern des von Silhouetten belebten Foyers, dem herausscheinenden Licht, das von der Honigfarbe der Säulen dort oben getönt ist, sich dann zurückwendet, zum nächsten Akt einer Don-Giovanni-Aufführung oder eines Crankoschen Balletts – der weiß, daß er in einer der erfreulichsten Städte der Welt lebt.

In einem gewölbten Raum unter dem kleinen
Turm der Stiftskirche stehen die steinernen
Särge Ulrichs des Stifters, Stuttgarts erstem
Herrn aus dem Hause Württemberg, und seiner
zweiten Gemahlin Agnes, einer Schlesierin.

In the crypt under the small tower of the
"Stiftskirche" are the sarcophagi of "Ulrich der
Stifter", Stuttgart's first Württemberg ruler
and the sarcophagus of his second wife, Agnes
from Silesia.

Dans une pièce voûtée, sous la petite tour de la
cathédrale «Stiftskirche», se trouvent les
cercueils en pierre de «Ulrich der Stifter», le
premier des seigneurs de la dynastie Wurtemberg, et de sa seconde épouse Agnes, une
silésienne.

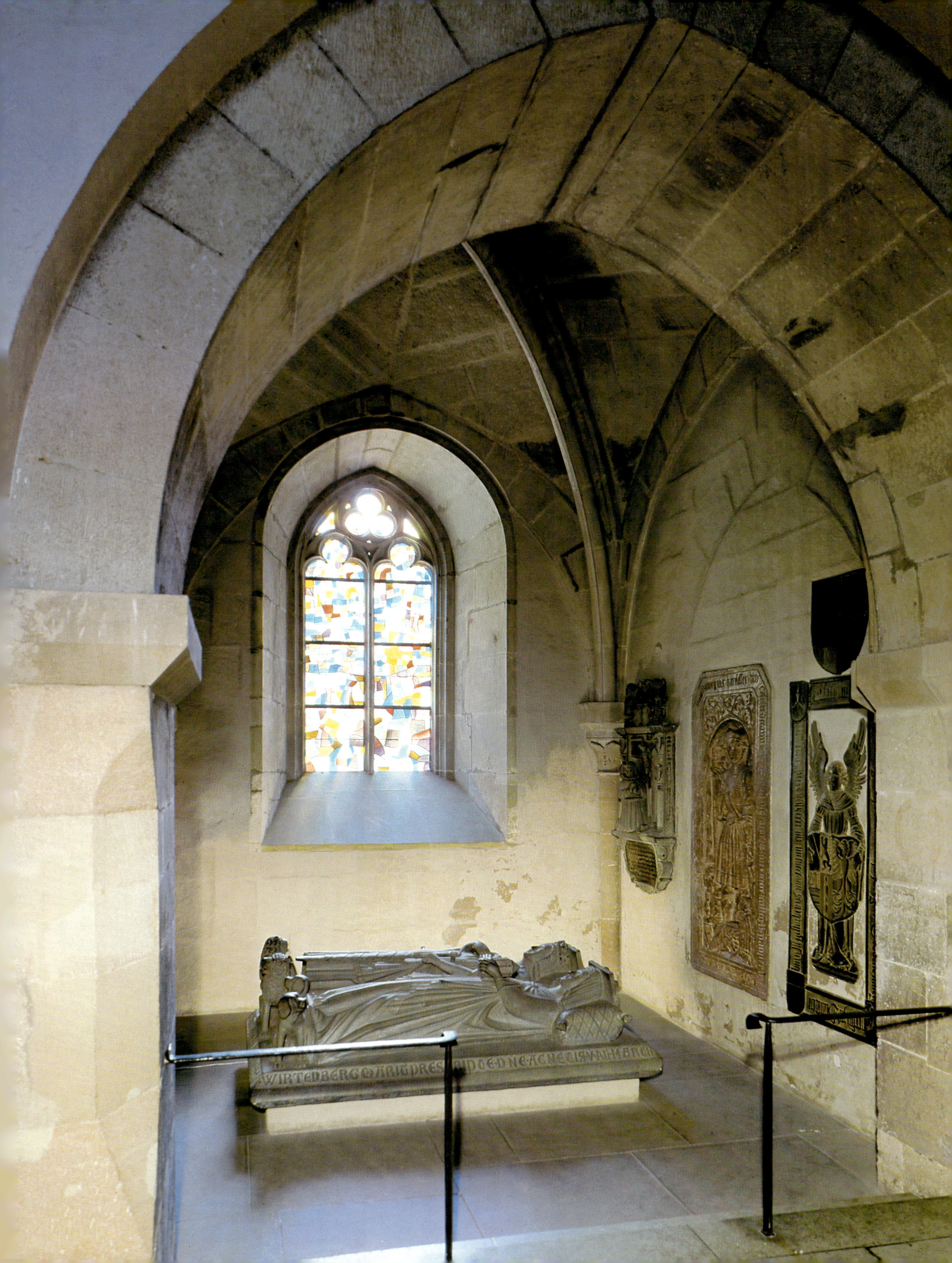

Die Stiftskirche ist die kirchliche Urzelle der Stadt; im 13. Jahrhundert als Stadtkirche gebaut, 1323 dem Stift inkorporiert, im 15. Jahrhundert von Hänslin Jörg und seinem Sohn Albertin im spätgotischen Stil neu aufgerichtet, wobei nur der Südturm der alten romanischen Basilika stehenbleibt; der große Turm wird erst später vollendet. Nach dem Bombenhagel des zweiten Weltkriegs hat die Kirche ihre äußere Gestalt in etwa wiedergewonnen.

The "Stiftskirche" is the clergical cell of the town. It was built in the 13th century, in 1323 incorporated in the monastery and reconstructed in late Gothic style by Hänslin Jörg and his son Albertin in the 15th century. Only the southern tower of the old roman basilica remains unchanged, the large tower is finished later. After the bombings of the Second World War the church was rebuilt similar to its former shape.

La «Stiftskirche» est la cellule religieuse de la ville, construite au XIIIe siècle comme église municipale, incorporée en 1323 a la donation, restaurée au XVe siècle par Hänslin Jörg et son fils Albertin en style gothique qui ne laisse subsister que la tour sud de la vieille basilique romane. La grosse tour ne sera achevée que plus tard. Après avoir beaucoup souffert des bombes de la seconde guerre mondiale, la cathédrale a recouvré maintenant à peu près son apparence d'antan.

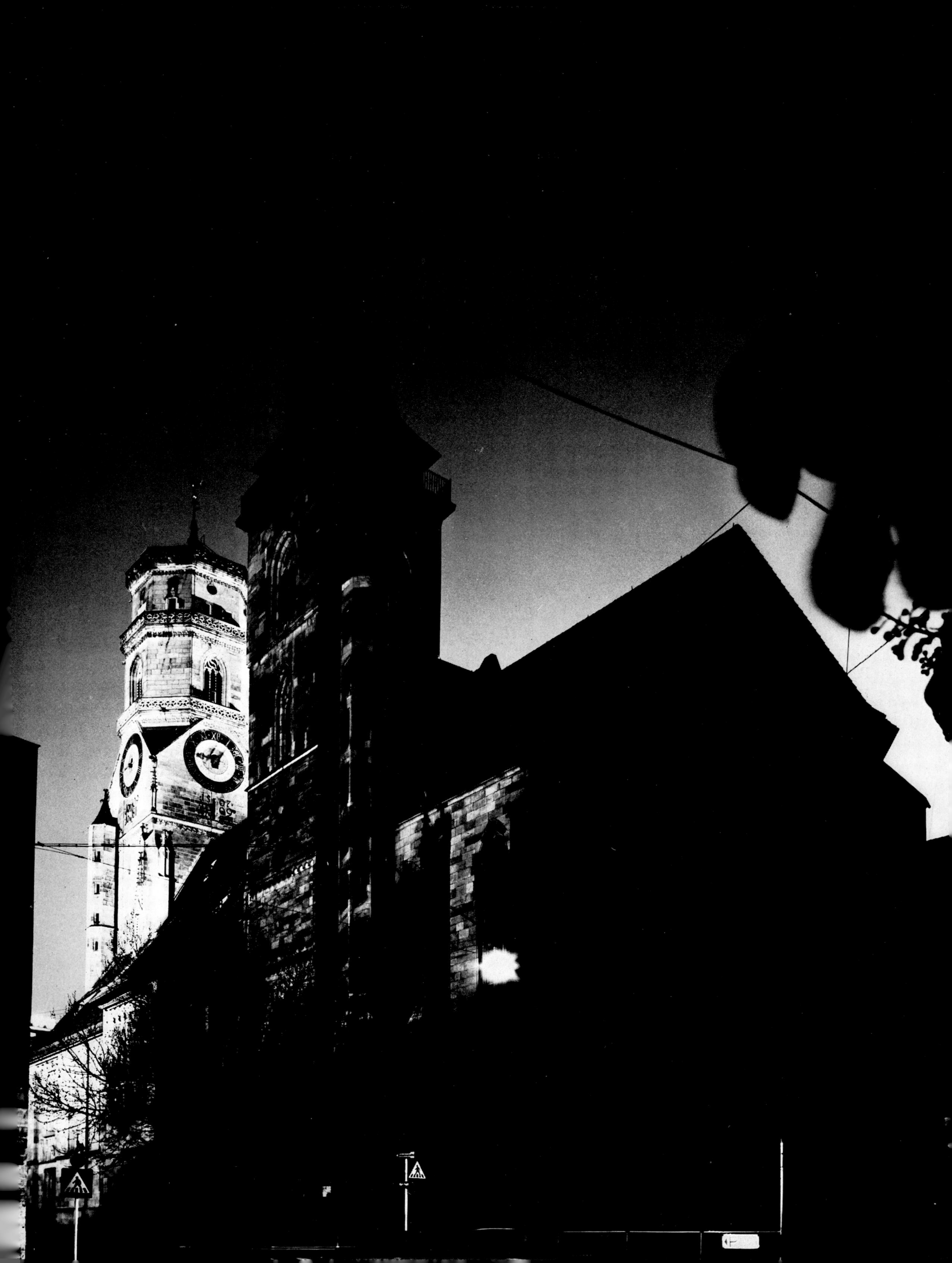

Neu und Alt neben der Stiftskirche, mit der Rückfront des aus den Ruinen erstandenen Fruchtkastens. Der Neubau steht am Platz von Stuttgarts Urzelle, dem festen Haus des Stutengartens.

Old and new buildings near the Stiftskirche, in the background the rebuilt "Fruchtkasten" (a storehouse for grain and fruits). The new building is situated at the site of the old Stuttgart cell, the strongly built house of the "mares' garden".

Edifices nouveaux et anciens près de la «Stiftskirche», avec le dos de l'entrepôt à fruits qui s'est élevé des ruines de la dernière guerre. La construction nouvelle occupe la place de la cellule d'origine de Stuttgart, la maison massive du «Jardin de la Jument».

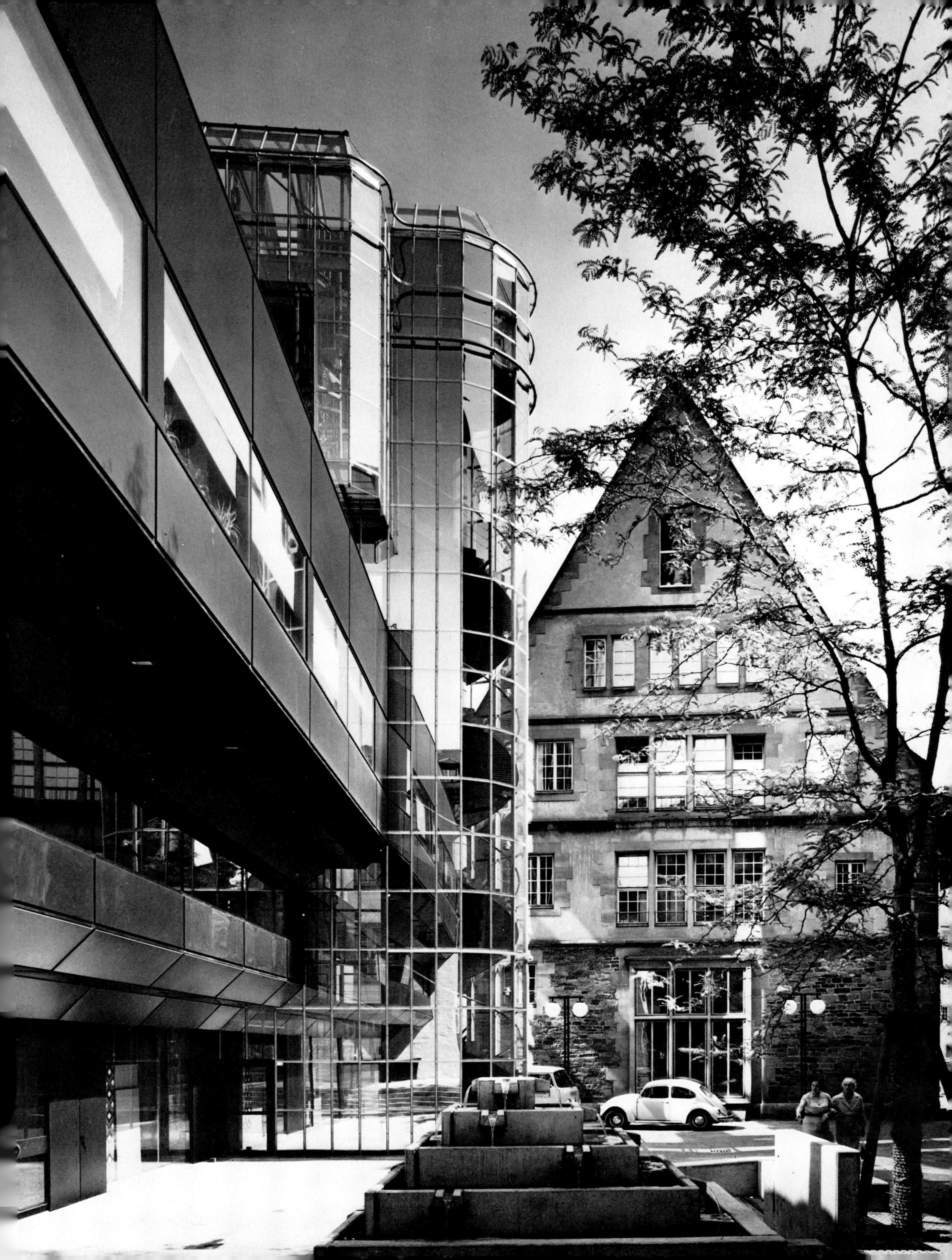

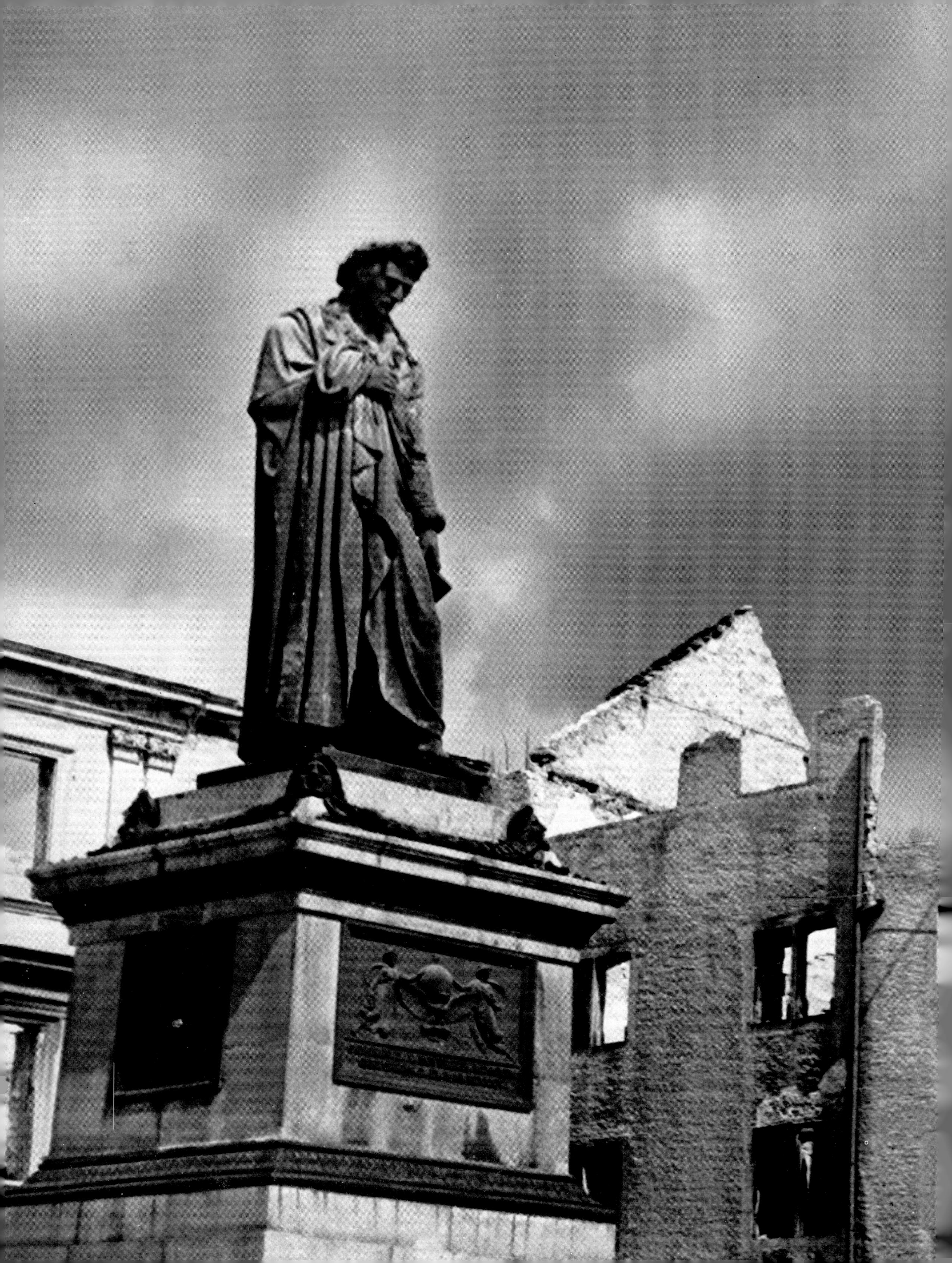

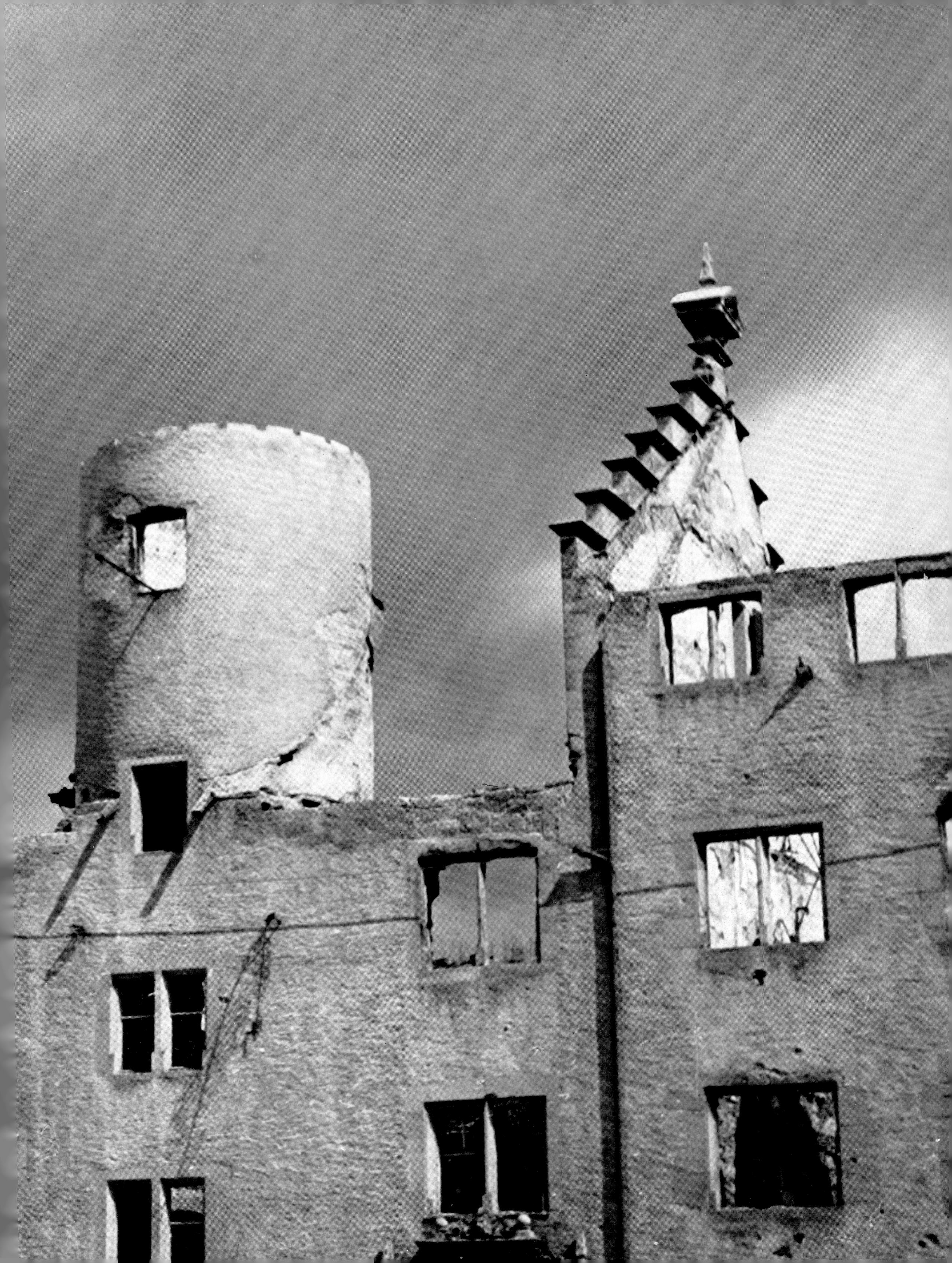

Seite 86/87   Ein Bild aus dem kriegszerstörten Stuttgart. Thorwaldsens Schillerdenkmal zwischen den Ruinen von Prinzenbau und Alter Kanzlei.

>In den öden Fensterhöhlen
>Wohnt das Grauen,
>Und des Himmels Wolken schauen
>Hoch hinein.

Page 86/87   A picture of Stuttgart after the destruction in World War II.

>Horror lives in the empty
>Window openings
>And the clouds in the sky
>Look down on it from far
>Above.

The Schiller monument by Thorwaldsen between the ruined "Prinzenbau" and the Old Chancellery.

Page 86/87   Une vue de la ville de Stuttgart dévastée par la guerre. Le monument à la gloire de Schiller (de Thorwaldsen) entre les ruines du Prinzenbau et de l'Alte Kanzlei.

>Les sinistres fenêtres
>Sont hantées
>Et les nuages du ciel
>Y risquent un regard.

Der Prinzenbau, heute Justizministerium, geht auf das Jahr 1607 zurück, als der Baumeister Schickhardt den heutigen Schillerplatz anlegte. Die nobelste Renaissance-Fassade der Stadt.

The "Prinzenbau" where the Ministry of Justice resides today. It was founded in 1607, when builder Schickhardt built the Schillerplatz in its present shape. It is one of the most elegant façades of the town, dating back to the Age of Renaissance.

Le Prinzenbau (bâtiment des princes), aujourd'hui ministère de la justice, date de l'année 1607, année où l'architecte Schickhardt a conçu la «Schillerplatz» actuelle. La plus noble façade style Renaissance de la ville.

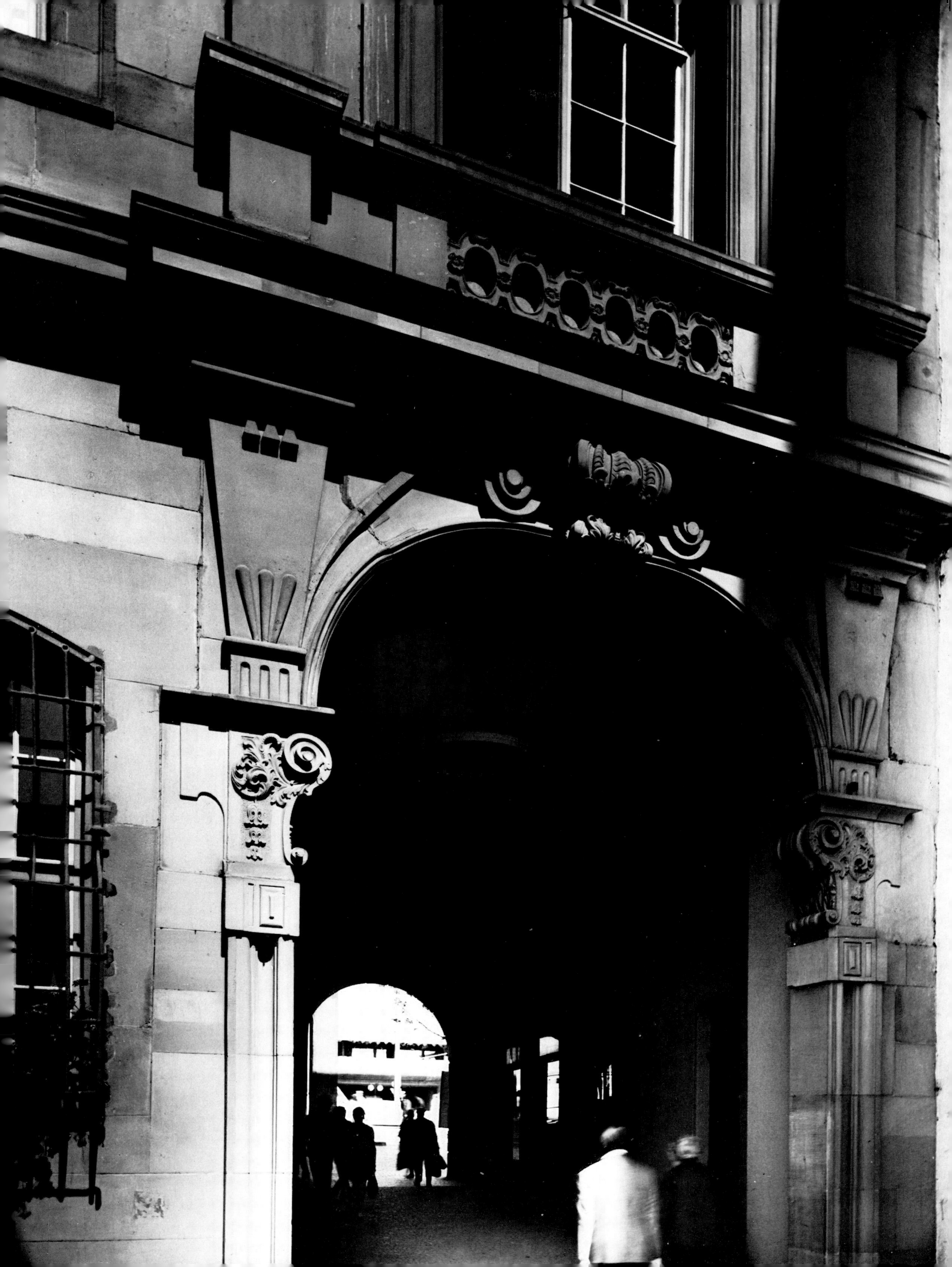

In der Mitte des 16. Jahrhunderts erhielt die mittelalterliche Burg durch Umbauten und Neubauten die Gestalt, die das Alte Schloß noch heute in etwa hat; der Baumeister war Aberlen Tretsch. Damals ist der Turnierhof entstanden, einer der schönsten Renaissancehöfe Süddeutschlands.

The Old Castle. In the middle of the 16th century the medieval castle was remodelled and partly reconstructed to its present shape. Its architect was Aberlen Tretsch. At that time the tilt-yard was built, which represents one of the most beautiful Renaissance yards in Southern Germany.

Au milieu du XVIe siècle, le château moyenâgeux a obtenu, par toutes sortes de transformations et de constructions nouvelles à peu près l'aspect que le «Altes Schloß» (Vieux château) a encore aujourd'hui; l'architecte était Aberlen Tretsch. La Cour des Tournois (Turnierhof), l'une des plus belles cours style Renaissance d'Europe du Sud, est née à cette époque.

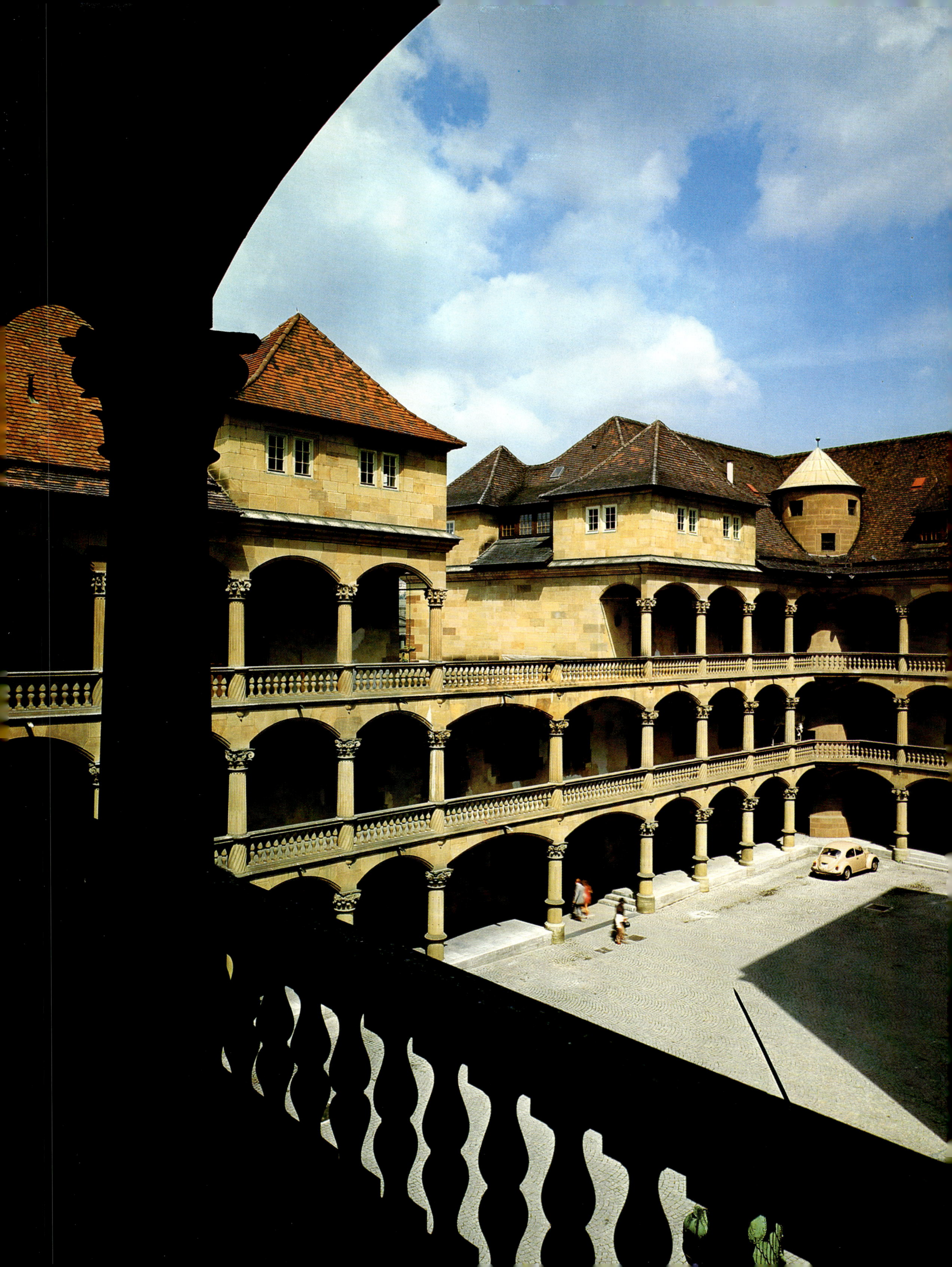

Bei den Bildmotiven für dieses Buch stand die Suche nach dem Unverwechselbaren, dem Spezifischen dieser Stadt obenan. Aber man kann eine Stadt von heute nicht im Bild zeigen, ohne Motive wie dieses Nachtbild mit den vorüberhuschenden Schlußlichtern. Nur die Lichtreklamen besagen, daß man in Deutschland, in Württemberg, in Stuttgart ist. Im übrigen könnte das Bild überall sonst in einer mittleren Großstadt geschossen sein – in Japan oder Nordamerika oder Europa. Es sind überall dieselben Bilder, wie sie die momentane Phase der technischen Entwicklung erzwingt.

Die abendliche Stadt, menschenleer, beim kleinen Schloßplatz. Die Farben rühren von den Verkehrszeichen her und den vorbeigleitenden Autos.

At the "Kleine Schloßplatz". At night there are only a few people in the streets. The colours come from traffic signs and passing cars.

La ville au soir tombant, déserte, près de la petite Schloßplatz (Place du château). Les couleurs viennent des feux de trafic et des phares d'autos.

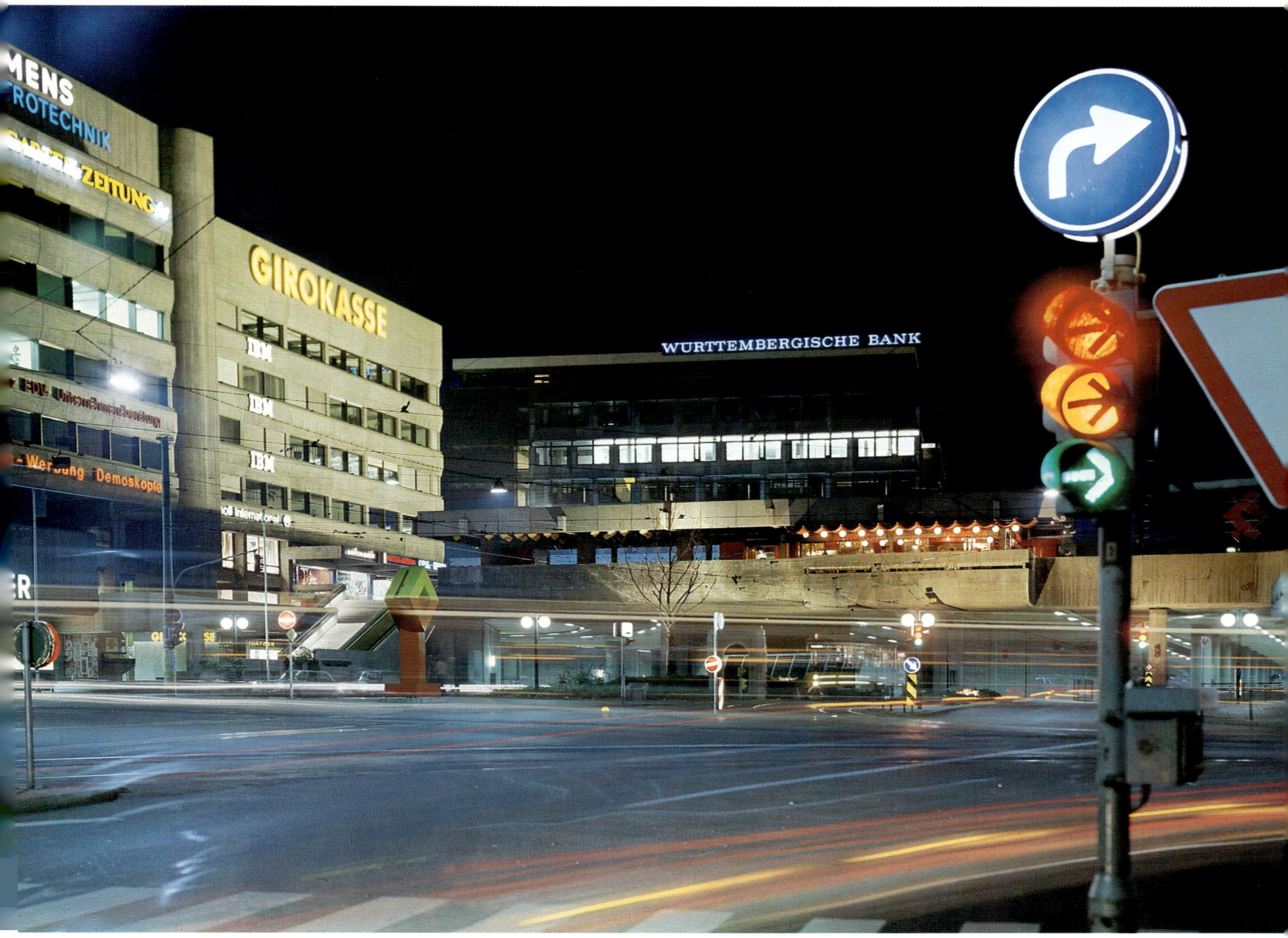

MENS
ROTECHNIK
ZEITUNG
GIROKASSE
WÜRTTEMBERGISCHE BANK
IBM
IBM
IBM
Werbung Demoskopie

Seite 96/97 Bei Nacht, wenn die Autos verschwunden sind, gewinnen die Plätze ihr altes Gesicht zurück. Karlsplatz mit Altem Schloß. Von der Spätrenaissance bis ins 19. Jahrhundert hinein waren hier Gartenanlagen. Das Reiterdenkmal – Wilhelm I., deutscher Kaiser und König von Preußen – wurde 1898 errichtet. Heute wirkt die Figur wie ein berittener Parkwächter, tagsüber.

Page 96/97 When the cars disappear at night the squares and streets look familiar again. Karlsplatz and the Old Castle. From late Renaissance times to the 19th century you could find parks and gardens here. The monument of Wilhelm I., Emperor and King of Prussia, was erected in 1898. Today, in our modern age, it seems as if he is traffic-guard on his horse.

Page 96/97 La nuit, grand les voitures ont disparu, les places reprennent leur visage familier. Karlsplatz avec le vieux château (Altes Schloß). De la fin de la Renaissance jusqu'au XIXe siècle, il y avait là des jardins. La statue équestre – Wilhelm Ier, empereur allemand et roi de Prusse – a été construite en 1898. Pendant la journée, on dirait aujourd'hui un gardien du parc, à cheval.

Der Verkehrslärm bleibt draußen. Handel und Wandel vollziehen sich gemächlich, es riecht gut; Obst, Gemüse, Blumen leuchten farbig. Man ist in der Markthalle.

The noise of the traffic remains outdoors. Trade is carried out slowly, the smell of fruits, vegetables and flowers is in the air... In the market-hall.

Le bruit du trafic est resté dehors. On fait ses affaires lentement, une bonne odeur se répand partout. Fruits, légumes et fleurs mettent des notes de couleur gaies. Nous nous trouvons dans le marché couvert.

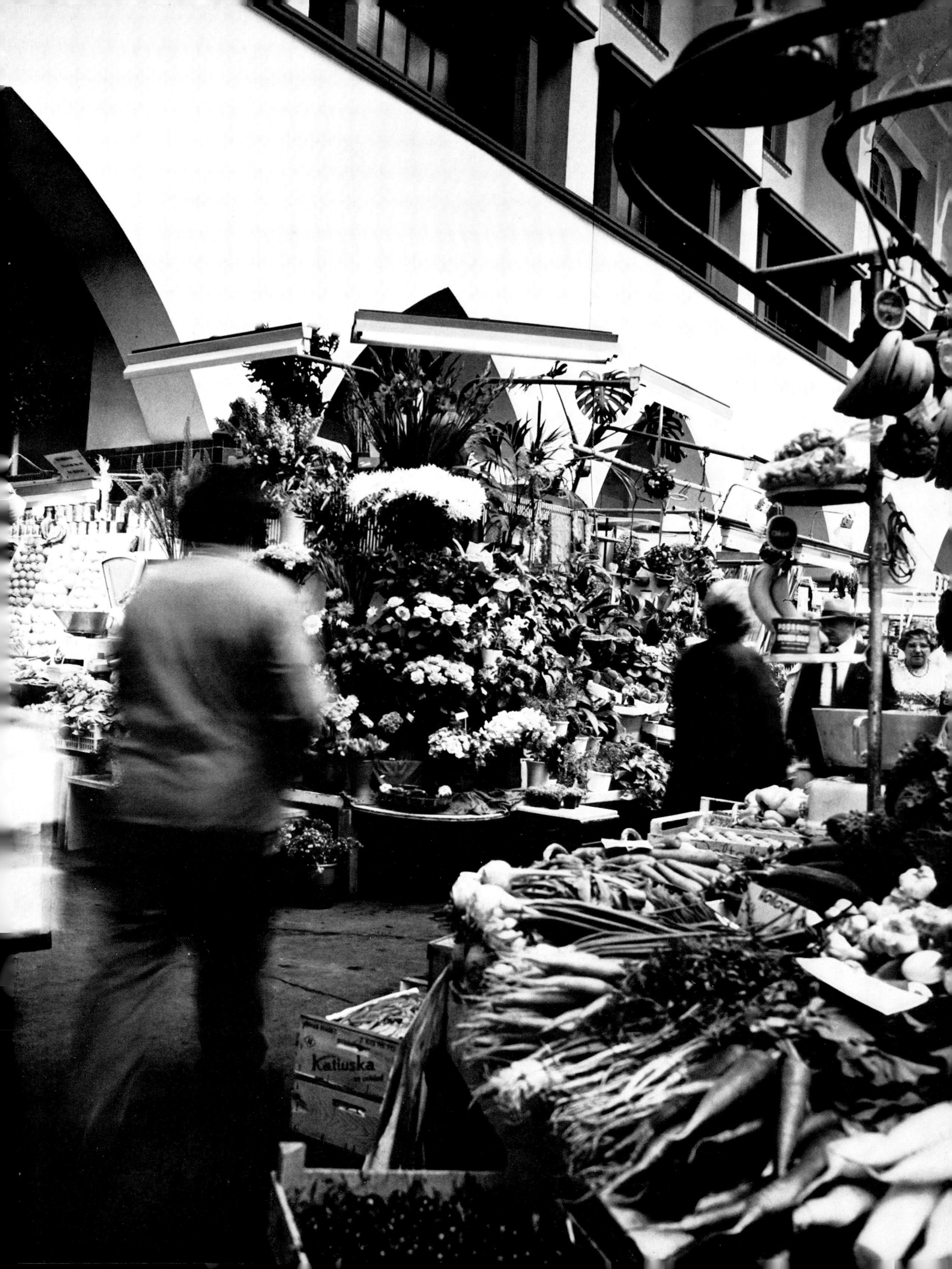
Katiuska

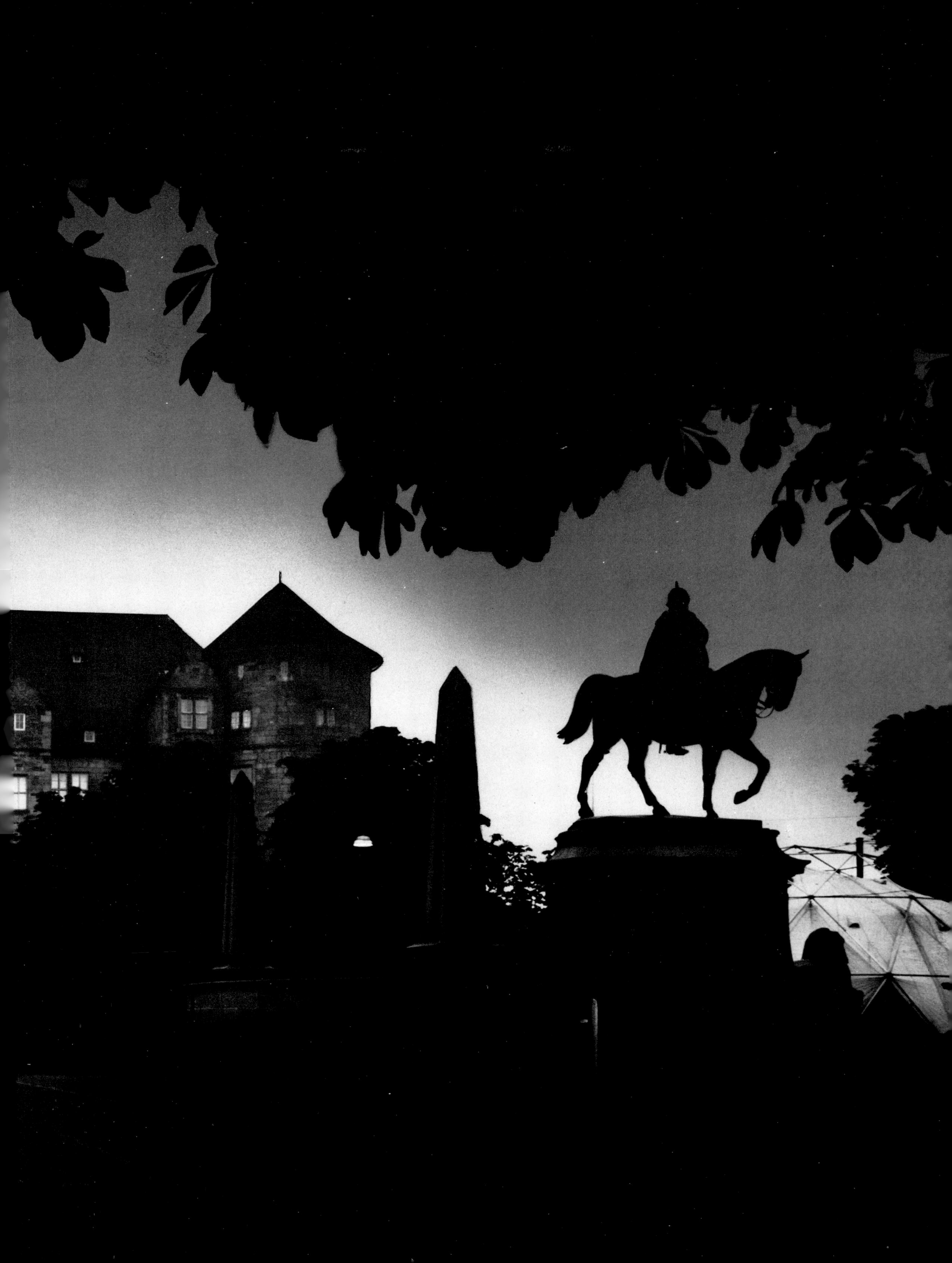

Seite 100/101   Der kleine Schloßplatz ist zu einem Treffplatz junger Leute geworden, ein wenig unter dem Motto: geteilte Langeweile ist halbe Langeweile. Im Hintergrund, gegen die Theodor-Heuss-Straße, Büroneubauten und Baukräne – ein Bild, nicht gerade vertraut, aber gewohnt.

Page 100/101   The "Kleine Schloßplatz" has become a popular meeting-place for young people, who meet here according to the motto: shared boredom is only half boredom. In the background, in the direction of the Theodor Heuss Street you can see business houses and cranes. A picture not familiar, but people are used to it.

Page 100/101   La petite Schloßplatz est devenue un lieu de rencontre de la jeunesse, un peu d'après la devise: «s'ennuyer en groupe, c'est s'ennuyer à demi». A l'arrière-plan, le long de la Theodor-Heuss-Straße, des buildings de bureaux et des grues de construction, spectacle sinon familier, du moins habituel.

Seite 102/103   Zwei Hochhäuser der Universität, deren Urzelle, das Polytechnikum am Stadtgarten, in der Mitte des Bildes zu erkennen ist.

Page 102/103   The two sky-scrapers of the University. The cell of which is the technical college. It is shown in the middle of the picture.

Page 102/103   Deux buildings de l'université dont la cellule initiale, l'école polytechnique près du jardin, se trouve au centre.

Am Charlottenplatz. Die Fußgänger, die Straßenbahnen sind unter den großen Betondeckel verwiesen, über den der Autoverkehr gleitet oder auch nicht gleitet. In die moderne Stadtlandschaft hinein grüßen die vertrauten Hügel.

The "Charlottenplatz". Pedestrians and trams move under the surface. The traffic streams – or rather streams not – on the surface. From here you can see those familiar hills looming over this modern city landscape.

La Charlottenplatz. Les piétons, les trams sont relégués sous l'énorme couvercle de béton sur lequel les voitures circulent – ou ne peuvent pas circuler quelquefois. Les collines familières s'incorporent dans le paysage urbain et l'animent.

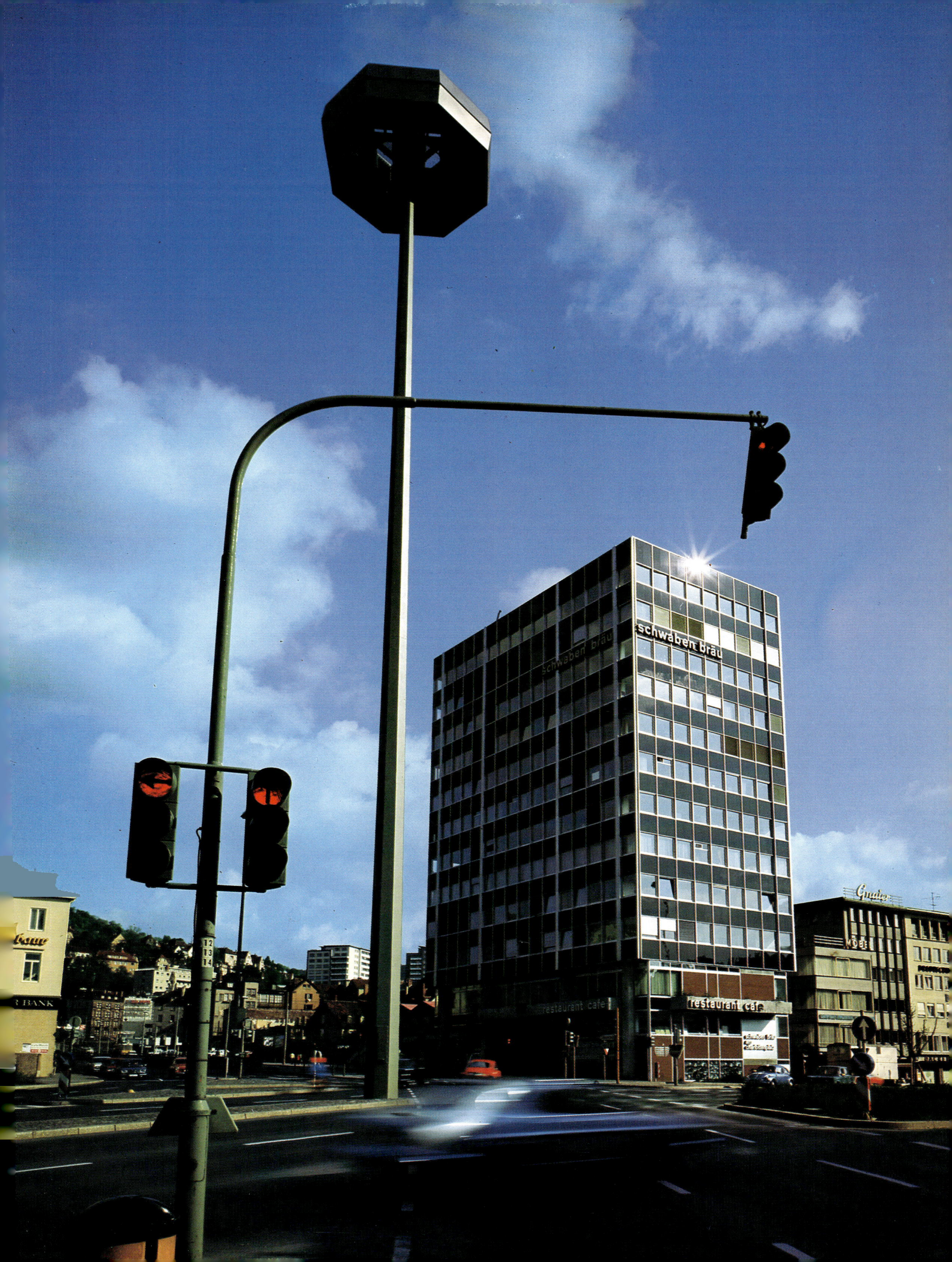
schwaben bräu
restaurant cafe
BANK

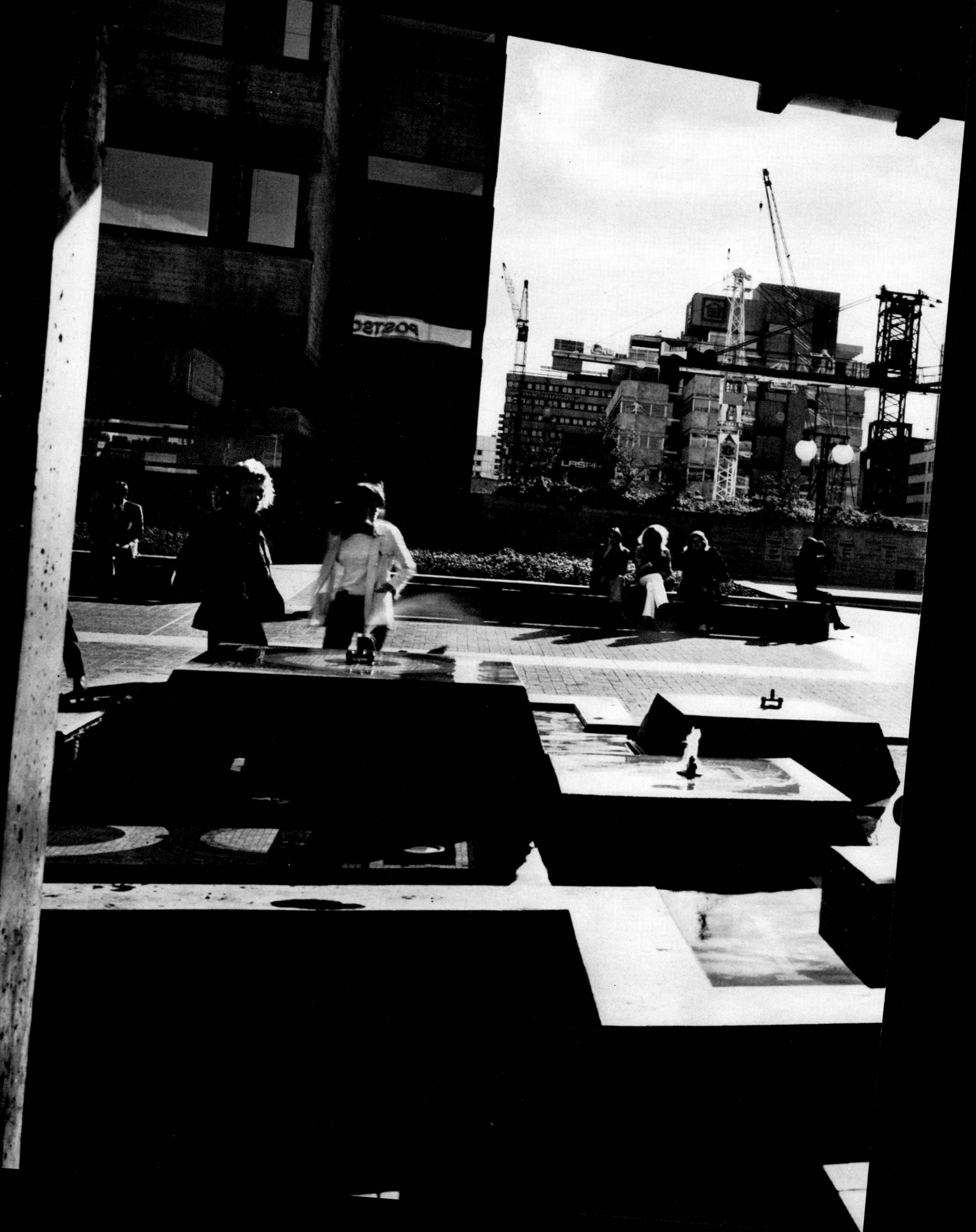

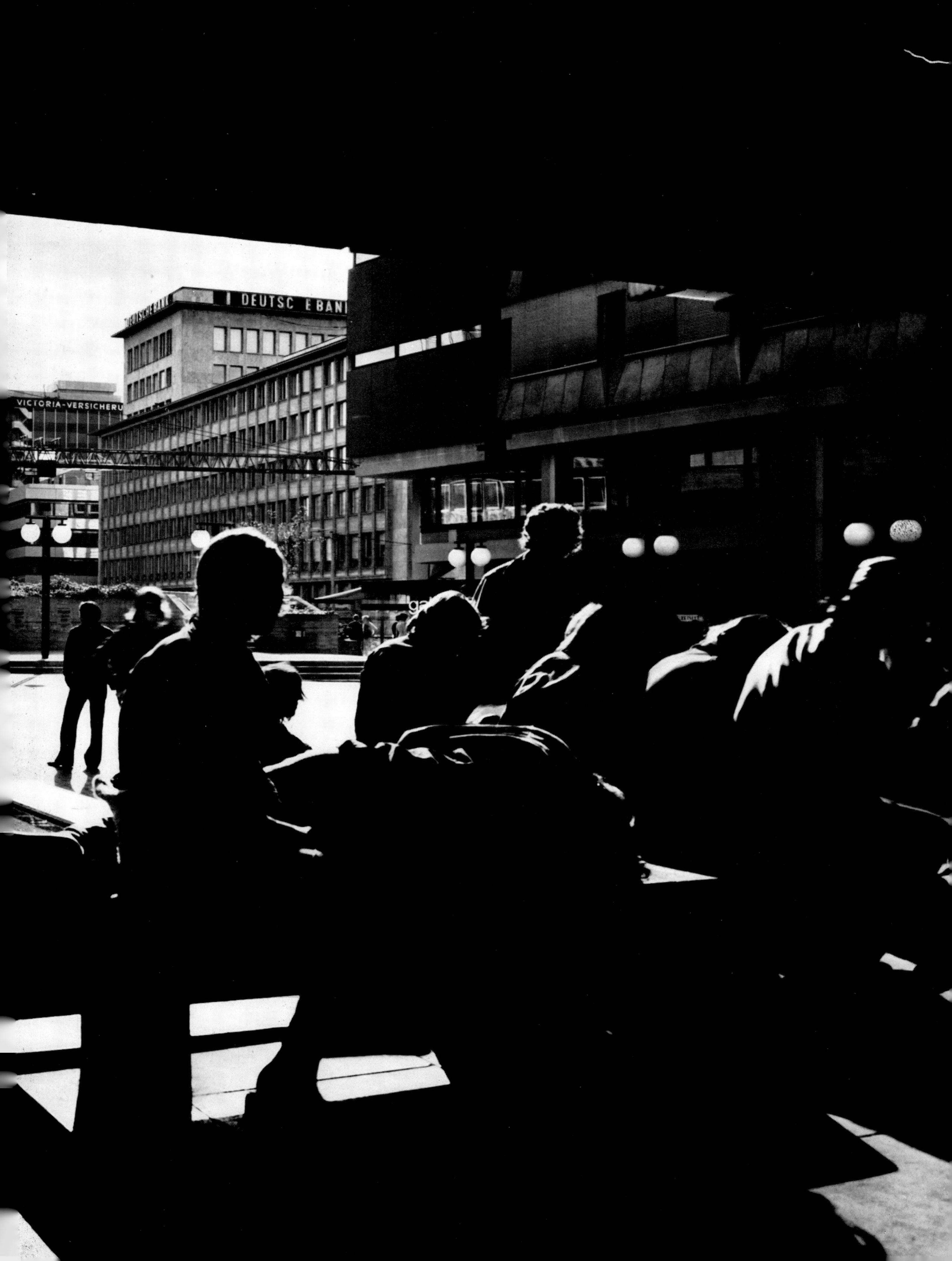
DEUTSC E BAN
VICTORIA-VERSICHERU

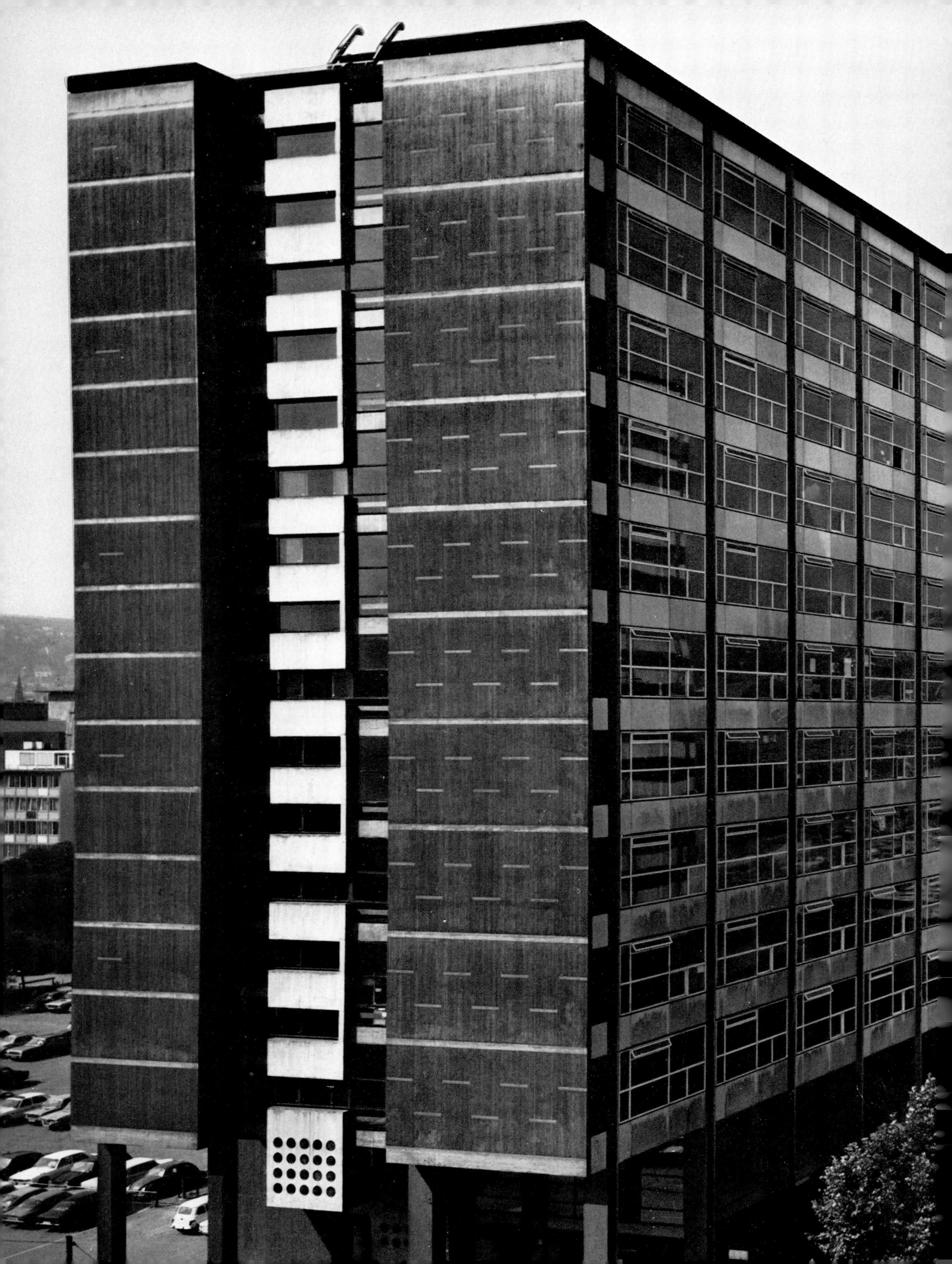

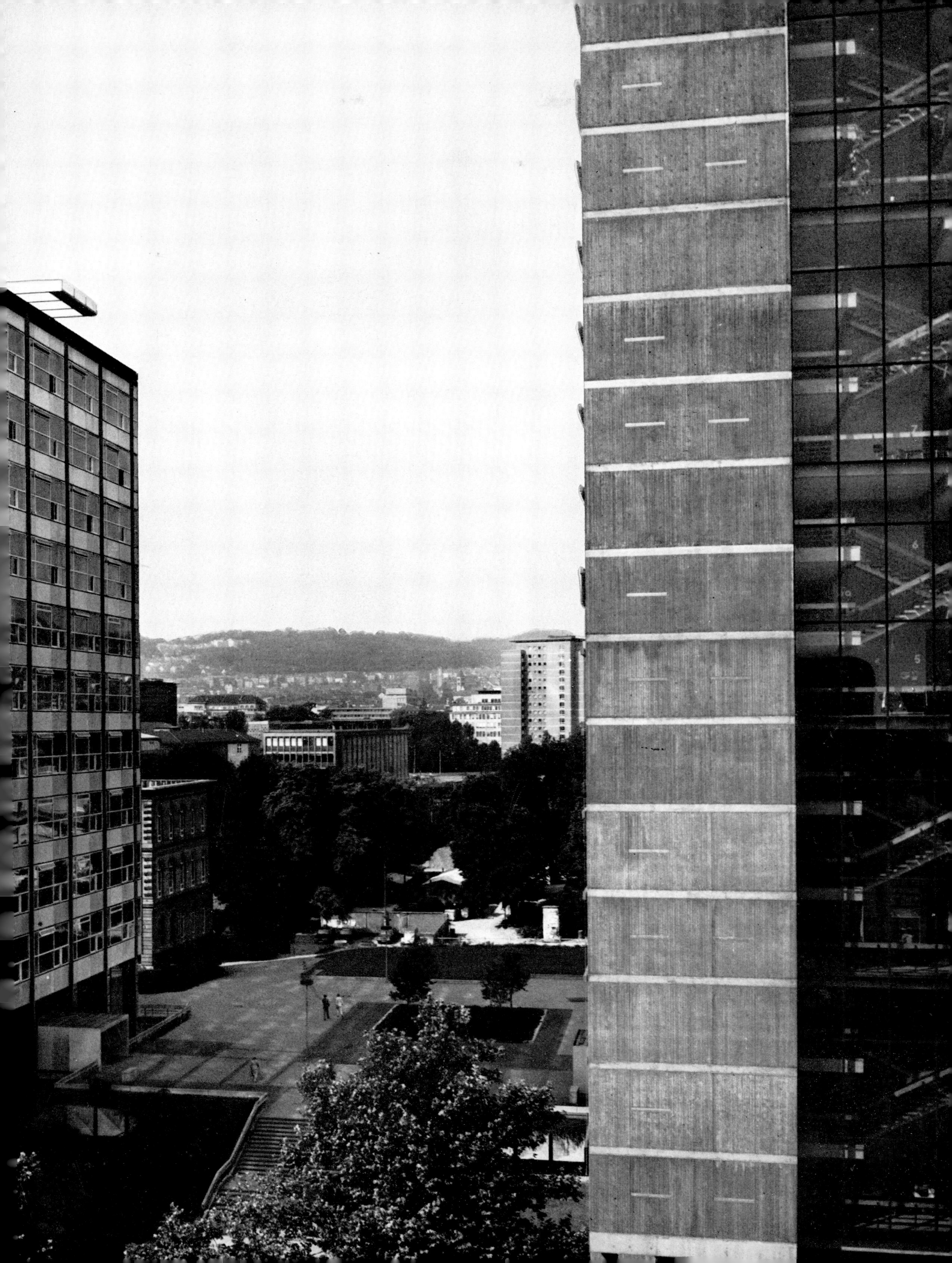

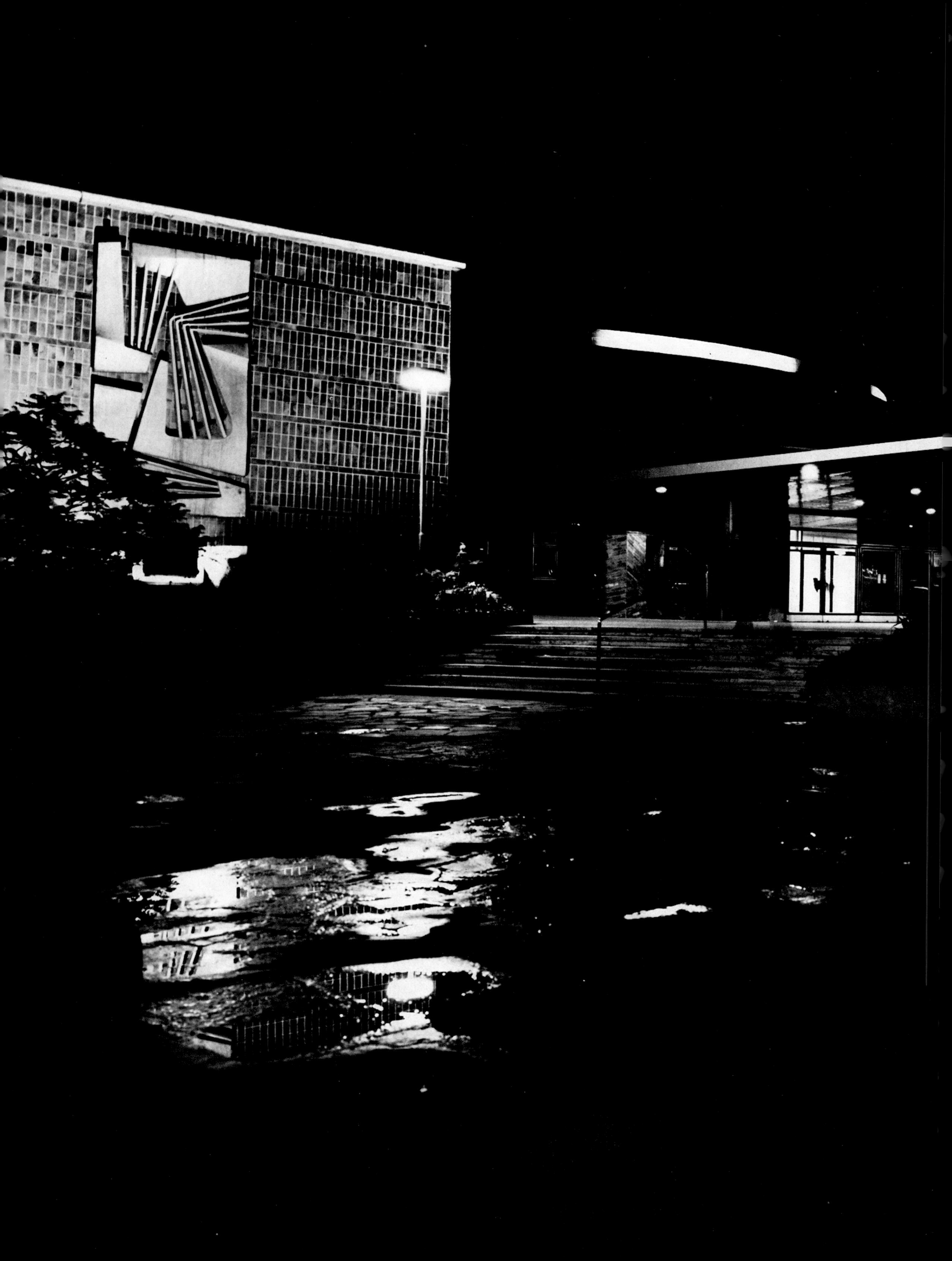

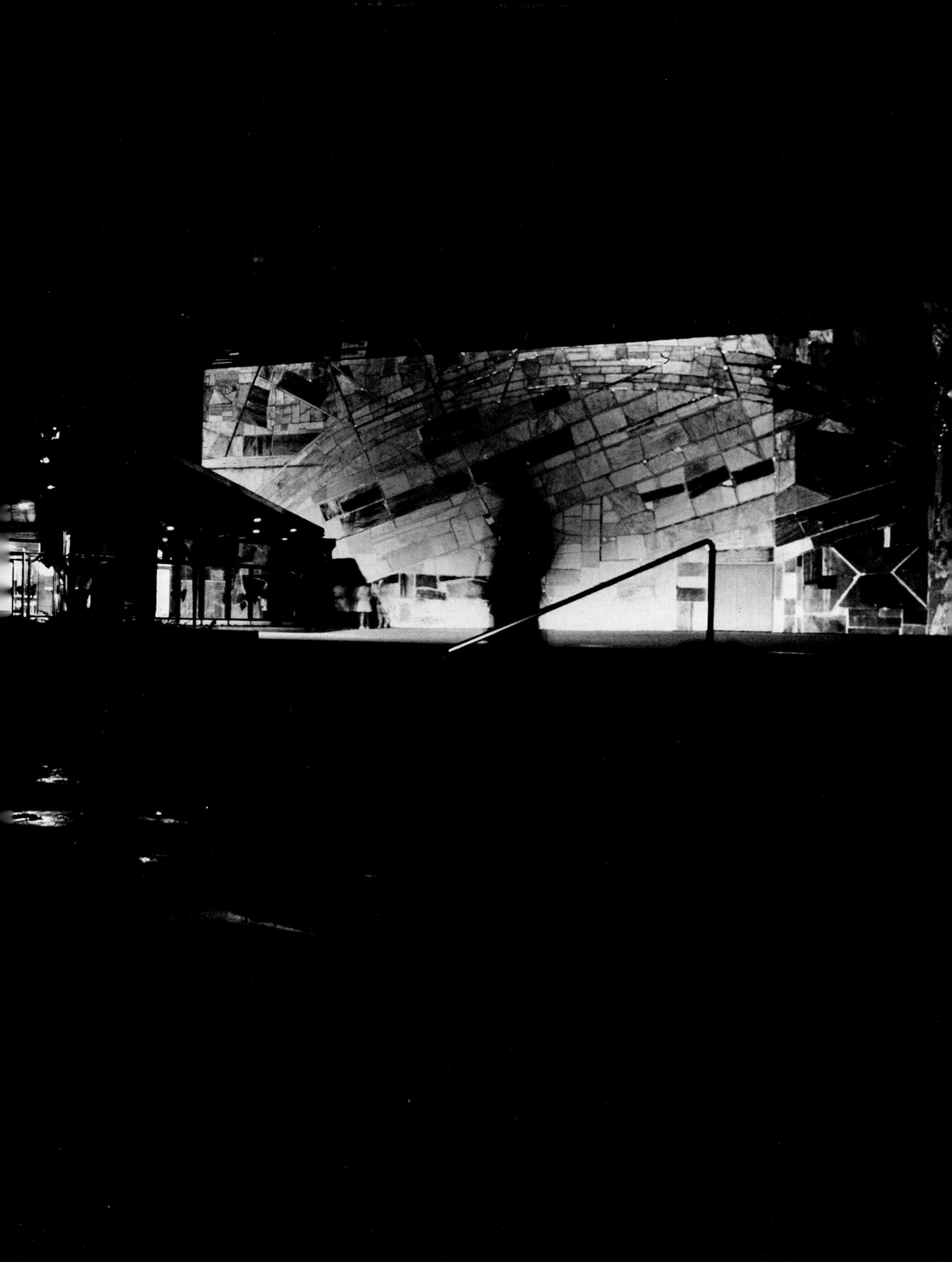

Seite 104/105   Die Liederhalle, wie sie sich dem abendlichen Konzertbesucher präsentiert. Die neue Liederhalle, von Abel und Gutbrod am Platz des total zerstörten alten Konzerthauses erbaut, ist einer der ersten bedeutenden Neubauten nach den Kriegszerstörungen. Die feierliche Eröffnung war am 25. Juli 1956.

Page 104/105   A view of the music-hall at night. The new music-hall was built by Abel and Gutbrod at the site of the totally ruined old concert hall. It is one of the first significant new constructions after the War. Its opening ceremonies took place on July 25th, 1956.

Page 104/105   La Liederhalle (Salle de concerts), telle qu'elle se présente à celui qui, le soir, se rend au concert. Cette Liederhalle nouvelle reconstruite à la place de l'ancienne salle de concerts complètement detruite pendant la guerre, est l'un des premiers édifices importants de l'après-guerre: l'inauguration solennelle a eu lieu le 25 juillet 1956.

Der Hoppenlaufriedhof ist ein stiller Bezirk in der laut gewordenen Stadt. Auf den meist klassizistischen Denkmälern findet man das alte Stuttgart, Pfarrerswitwen und Prälaten, Baumeister und Offiziere, Professoren, Dichter, Redakteure. „Weht sanft um diese Gruft, ihr Winde, hier liegt ein edles zärtliches Weib" lesen wir auf einem Grabstein.

The Hoppenlau churchyard. It is a quiet area in this noisy town. You can find the "old Stuttgart" on its gravestones; widows of clergymen, prelates, architects and officers, professors, poets, news-editors. "Blow gentle, winds, a noble, tender wife is buried here!" This is written on one of the old gravestones.

Le cimetière Hoppenlaufriedhof est un coin tranquille de la ville devenue si bruyante. Les monuments funèbres, pour la plupart de style classique, sont l'expression du passé de Stuttgart: veuves de pasteurs, prélats, architectes et officiers, professeurs, poètes, rédacteurs. Sur une tombe nous pouvons lire: ô vents, soufflez doucement autour de ce caveau, ci-gît une noble et fragile dame.

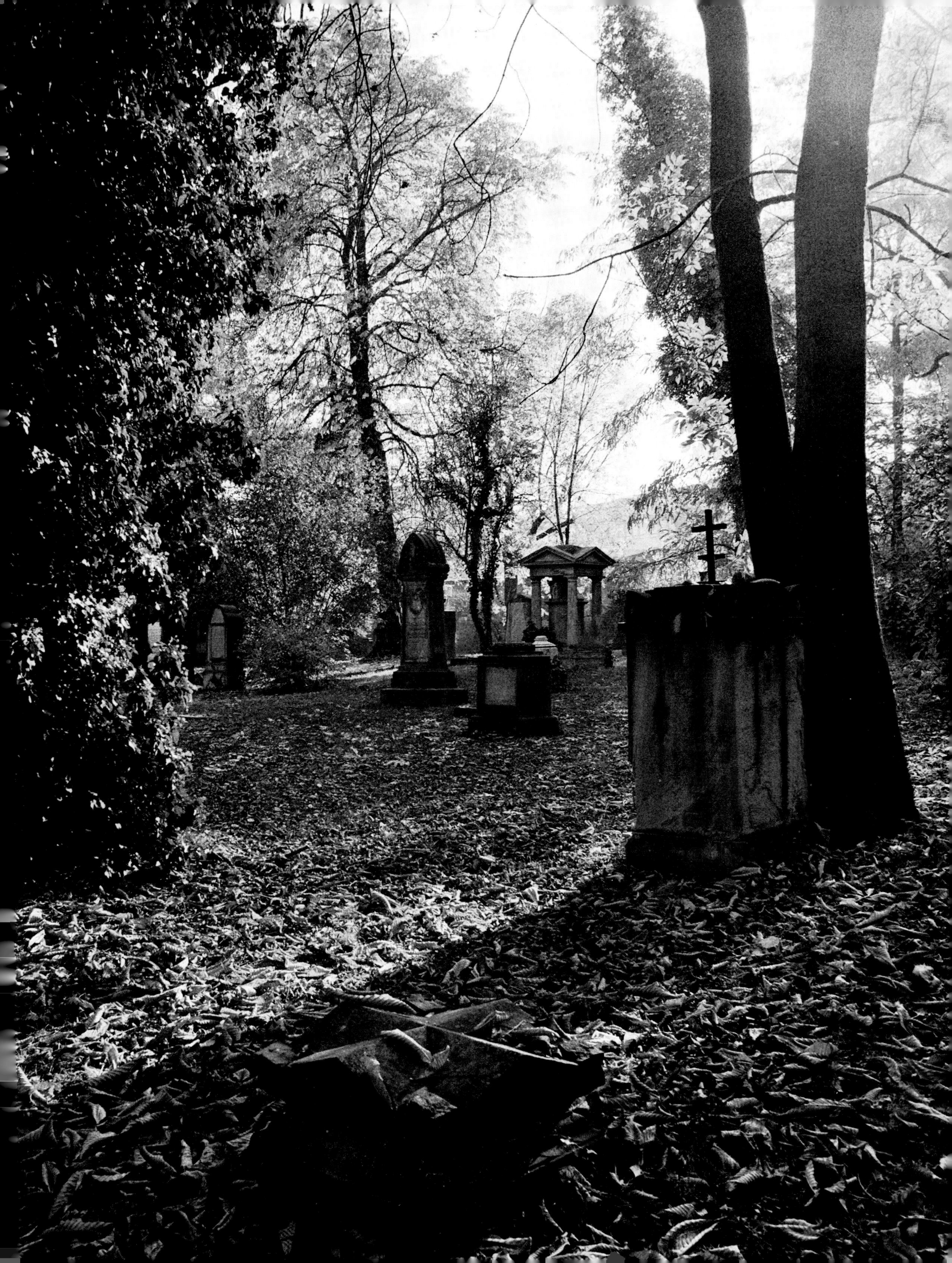

Die Johanneskirche spiegelt sich im Feuersee. Ihr Erbauer war Christian Friedrich Leins, der 1814 als Kind eines Steinhauergesellen und einer Näherin in Stuttgart geboren wurde. Er hat in seiner Vaterstadt die Villa Berg, den Königsbau, die alte Liederhalle und zuletzt die Johanneskirche gebaut. Die Kirche wurde 1876 eingeweiht.

The "Johannes Church" reflects itself in the Feuersee. Its builder was Christian Friedrich Leins, who was born in 1814, son of a stonemason and his wife, a needlewoman. Here in Stuttgart, his home town, he built the Villa Berg, Königsbau, the old concert-hall, and finally the Johannes Church. In 1876 the church was consecrated.

L'église Johanneskirche se mire dans le Feuersee. Elle a été construite par Christian Friedrich Leins, né en 1814 à Stuttgart, fils d'un ouvrier carrier et d'une couturière. Dans sa ville natale, il a construit la Villa Berg, le Königsbau, l'ancienne Liederhalle et, en dernier lieu, cette Johanneskirche qui été inaugurée en 1876.

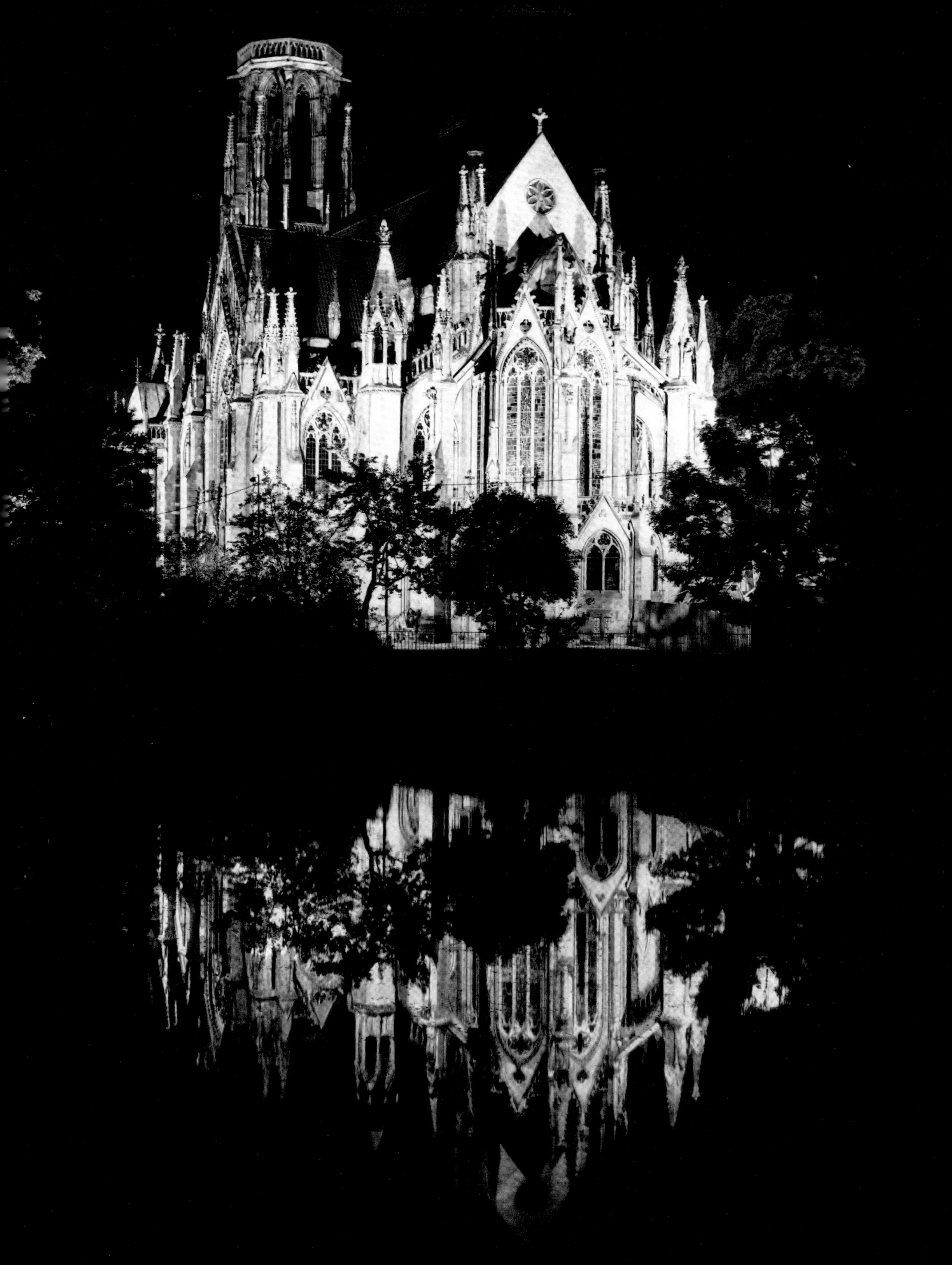

Die Stadt ist reich an alten Verkehrsbauten von bisweilen eigentümlicher Schönheit. Der Schwabtunnel ist in den 1890er Jahren gebaut worden.

The city is rich in old traffic constructions, which are of a strange beauty sometimes. The Schwab tunnel was built in the 1890's.

La ville est riche en vieilles constructions destinées au trafic. Le Schwabtunnel date des années 1890.

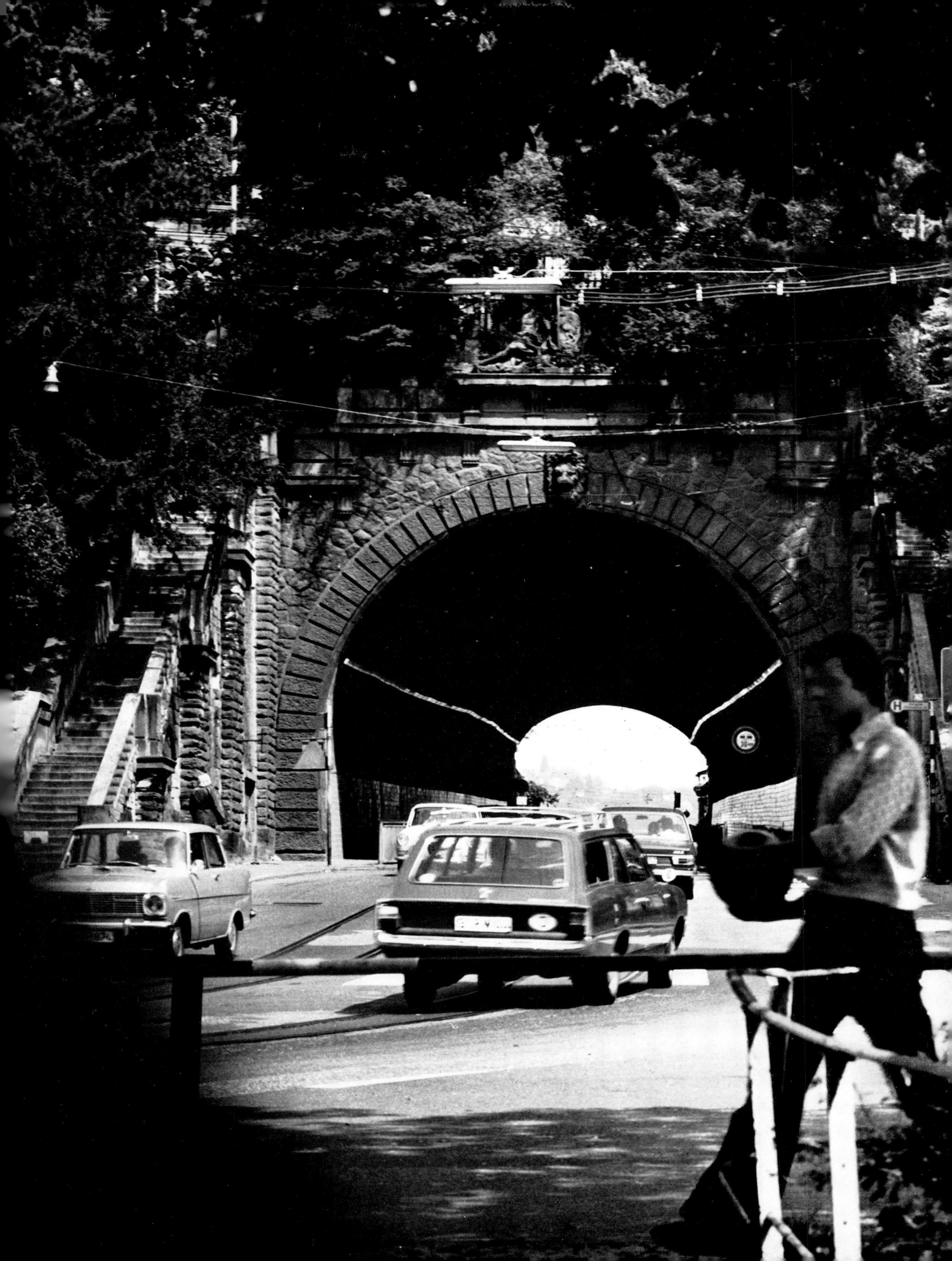

Die Geschichte des württembergischen Hoftheaters, heute Staatstheater, ist ein Auf und Ab mit glanzvollen Perioden und Strecken öder Provinzialität. Höchsten Rang erreichte das Theater unter Herzog Karl Eugen in den 1760er Jahren, als Noverre Ballettmeister, Jomelli Musikdirektor war. Eine glanzvolle Zeit war ihm auch unter dem seinem Theater sehr gewogenen letzten König beschert, mit Baron zu Putlitz als Intendant und Max von Schillings als Dirigenten. Das Große Haus ist die sichtbare Erinnerung an jene Blütezeit. Seither hat sich das Theater, bei allen Schwankungen, ein beachtliches Niveau bewahrt, besonders nach dem zweiten Weltkrieg unter Schäfers Leitung. Einen Weltruf wie nie zuvor verdankt es seinem Ballett, das der unvergeßliche John Cranko in den Jahren seines Wirkens, 1961 bis 1973, hier geschaffen hat. Von der Zukunft dieses im Frühsommer 1973 jäh verwaisten Balletts ist Stuttgarts künstlerischer Ruf zu einem guten Teil abhängig.

Das „Große Haus" des Württembergischen Staatstheaters ist das Haus für die Oper und das Ballett. Es wurde zusammen mit dem für das Schauspiel bestimmten „Kleinen Haus" (im Krieg zerstört und durch einen Neubau ersetzt) durch Littmann in den damaligen königlichen Anlagen erbaut und 1912 eingeweiht. In abendlicher Beleuchtung, unter alten Bäumen, mit der sprühenden Fontäne im Anlagensee, bietet sich ein Bild, um das Stuttgart beneidet werden darf.

The "Große Haus" of the Württemberg National Theatre is the house for operas and ballet. It was designed by Littmann in the former royal park and inaugurated in 1912 together with the "Kleine Haus" designated for plays (destroyed during the war and completely rebuilt). Seen illuminated under the old trees, with the spraying fountain in the lake — is a view Stuttgart can be envied for.

La «Großes Haus», theâtre national du Wurtemberg, est le lieu de représentation des opéras et ballets. Il a été construit en même temps que la «Kleines Haus»; c'est une salle de spectacles (détruite pendant la guerre et reconstruite depuis) créée par Littmann dans les jardins du Roi de l'époque et inaugurée en 1912. Dans les illuminations nocturnes, sous les vieux arbres, agrémentée de jets d'eau dans le Anlagensee, elle offre une vue pour laquelle on est en droit d'envier Stuttgart.

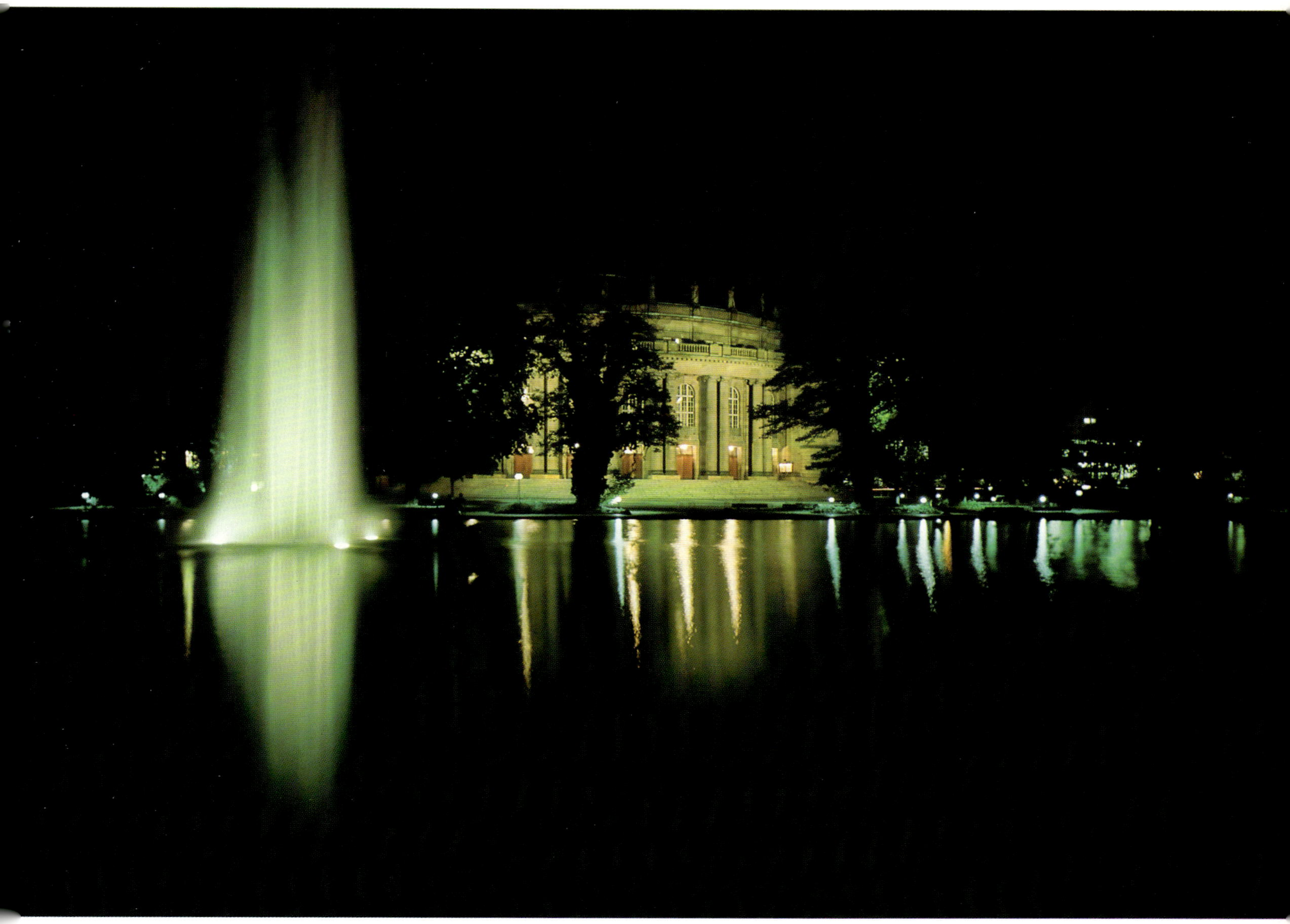

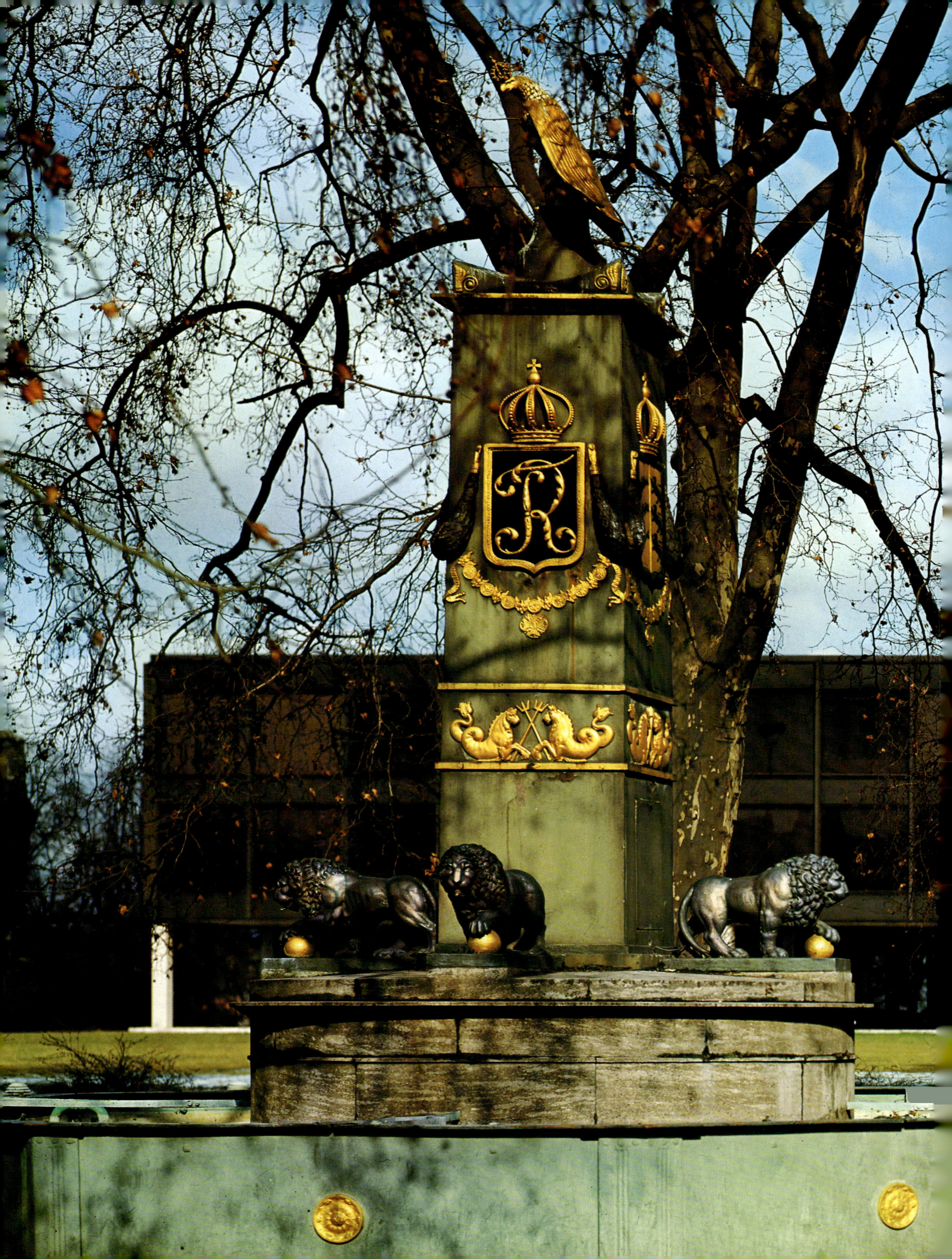

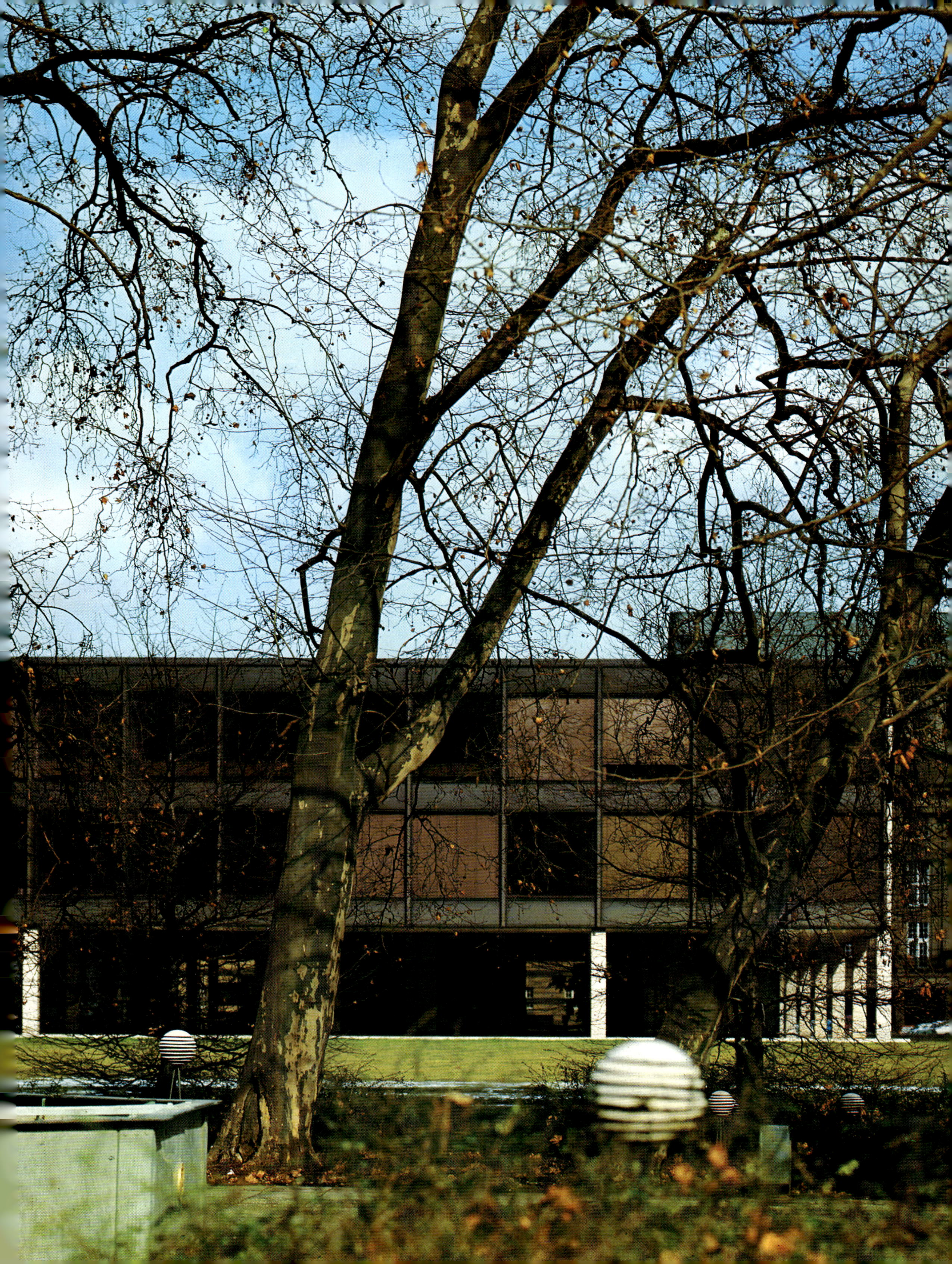

Seite 114/115   Dieses Bild, das auch den Umschlag unseres Buches schmückt, umfaßt Altes und Neues, und, wenn man so will, neben dem Sichtbaren Unsichtbares. Es zeigt das Gebäude des baden-württembergischen Landtags, also das eigentliche Zentrum der Landeshauptstadt. Den Vordergrund bildet der Brunnen, der einmal in der Mitte des Akademiehofs stand, jener hohen Schule Karl Eugens, zu deren Schülern Friedrich Schiller und Georges Cuvier gezählt haben. Freilich war die Akademie schon aufgehoben, als Thouret diesen Brunnen schuf.

Page 114/115   This picture encompasses old and new, and as you like, besides the visible the unvisible. The building of Baden-Württemberg's government, the "Landtag", the actual center of the city, can be seen in it. In the foreground a fountain is shown which was once situated in the middle of the academy's yard, the school which Friedrich Schiller and Georges Cuvier attended once. Of course, the academy did not exist any more when Thouret created this fountain.

Page 114/115   Cette photo assimile l'ancien et le nouveau et, en quelque sorte, le visible et l'invisible. Elle représente le bâtiment du Landtag de Baden-Wurtemberg, à savoir le véritable centre de la capitale du land. Au premier plan, la fontaine qui occupait autrefois le centre de la cour de l'Académie, cette école supérieure de Karl Eugen qu'ont fréquenteé Friedrich Schiller et Georges Cuvier. L'Académie n'existait naturellement plus, quand Thouret créa cette fontaine.

Von der Planie kann man durch die Theateranlagen angenehm, vom Straßenverkehr ungestört, zum Hauptbahnhof gehen. Die Aufnahme zeigt den Blick vom Schauspielhaus zum Bahnhofsturm. Die Planung des Bahnhofneubaus begann 1908, die Bauausführung 1914. Der Architekt war der durch lange Zeit mit Stuttgart eng verbundene Paul Bonatz. Es ist ein Bauwerk von monumentalem Rang – was die Funktionalisten tadeln –, zugleich aber ein damals kühner „Vorstoß in eine freie unbelastete Welt" (F. Stahl).

From the "Planie" you can walk to the main station, undisturbed by the loud traffic. The picture shows the view from the theatre to the tower of the station. In 1908 the plans for the new station were made, in 1914 the constructions works started. Its architect was Paul Bonatz who, for a long time, was closely linked with Stuttgart. The station is a monumental building – functionalists criticise this – but it was "a keen step in a free and easy world" (F. Stahl).

Du Planie on peut gagner la gare principale, à travers les jardins du théâtre, sans être importuné par la circulation des rues. La photo montre la vue qu'on a du théâtre (Schauspielhaus) sur la tour de la gare. Les projets relatifs à la reconstruction de la gare remontent à 1908, la rèalisation à 1914. L'architecte en est Paul Bonatz, longtemps lié étroitement à la ville de Stuttgart. C'est une œuvre de caractère monumental – ce que les partisans de l'architecture fonctionnelle critiquent – mais, en même temps, un pas alors audacieux vers «un monde libre et exempt de fardeaux» (F. Stahl).

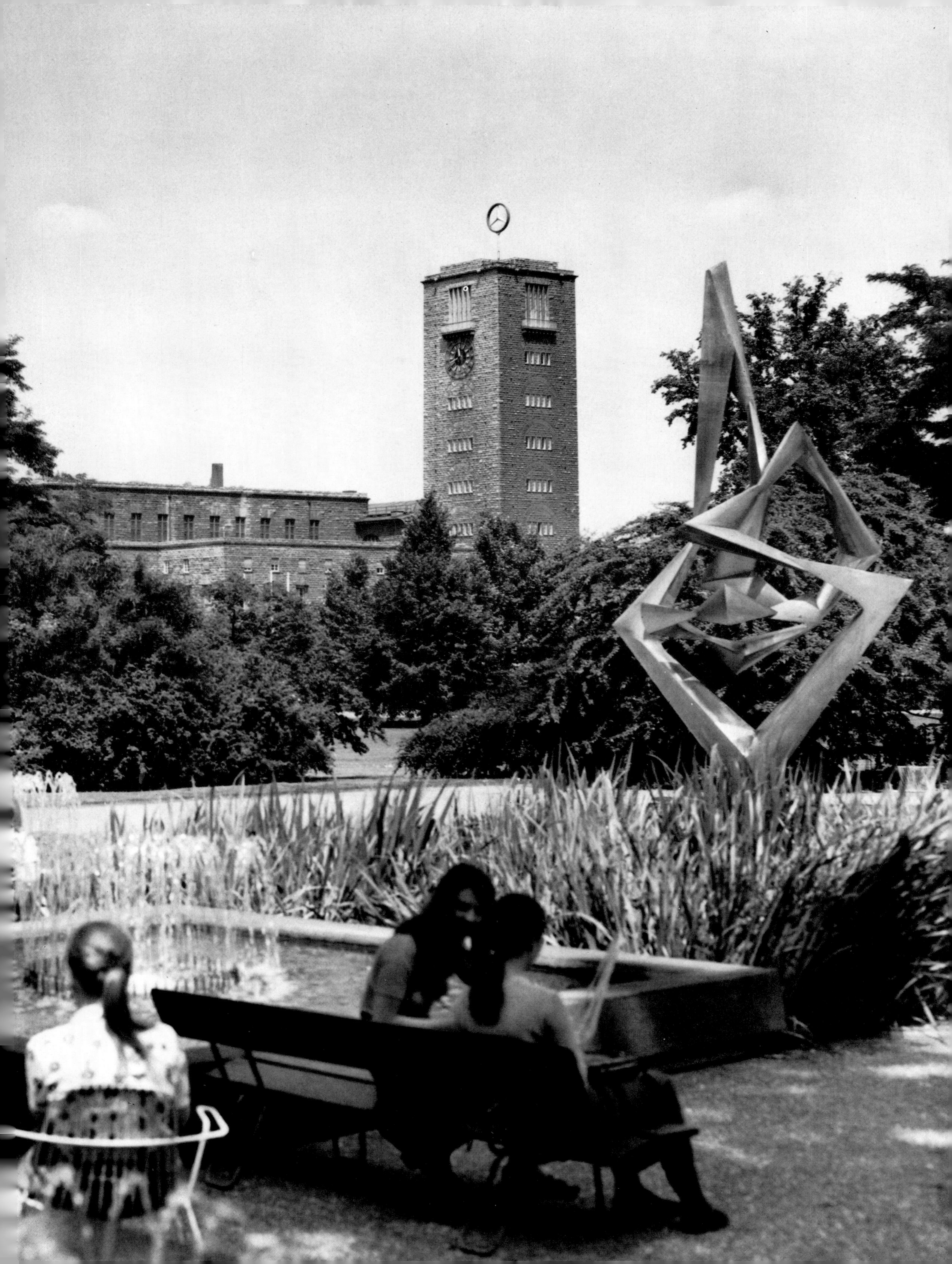

Gußeisen und Blech im maurischen Geschmack,
und doch ein reizvolles Ding, dieser Musik-
pavillon auf dem Schloßplatz.

Cast-iron and sheet metal to the moorish taste,
but nevertheless very attractive – the music
pavillon on the Schloßplatz.

Fonte et tôle, genre mauresque – et pourtant
une œuvre charmante, ce pavillon à musique de
la Schloßplatz.

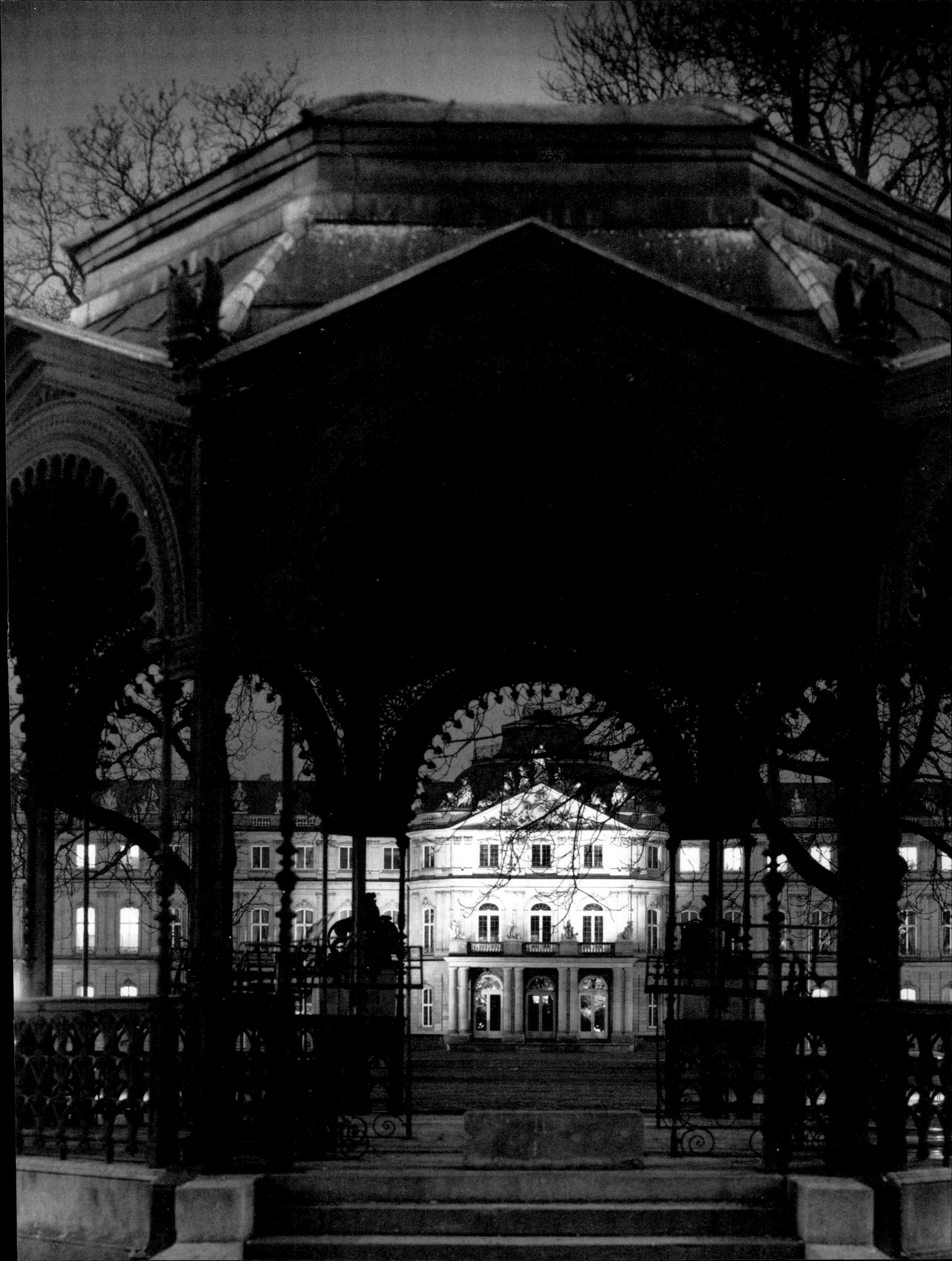

Ein Blick vom kleinen Schloßplatz über den großen Schloßplatz. Von halber Hanghöhe herab dräuen die Hochhäuser der Stitzenburg. Auf der Höhe, über der Kuppel des weiland Königlichen Residenzschlosses, ist die Villa Reitzenstein sichtbar, der Sitz des heutigen Landesvaters.

A view from the "Kleine Schloßplatz" over the "Große Schloßplatz". On the slopes of the hills the skyscrapers of the "Stitzenburg". On top of the hill, over the cupola of the former royal residence, one can see the Villa Reitzenstein, the seat of the present sovereign.

Une vue de la petite Schloßplatz sur la grande Schloßplatz. A mi-coteau, on aperçoit les buildings du Stitzenburg. Tout en haut, au-dessus de la coupole du château royal de résidence, on voit la villa Reitzenstein, le domicile de l'actuel président du land.

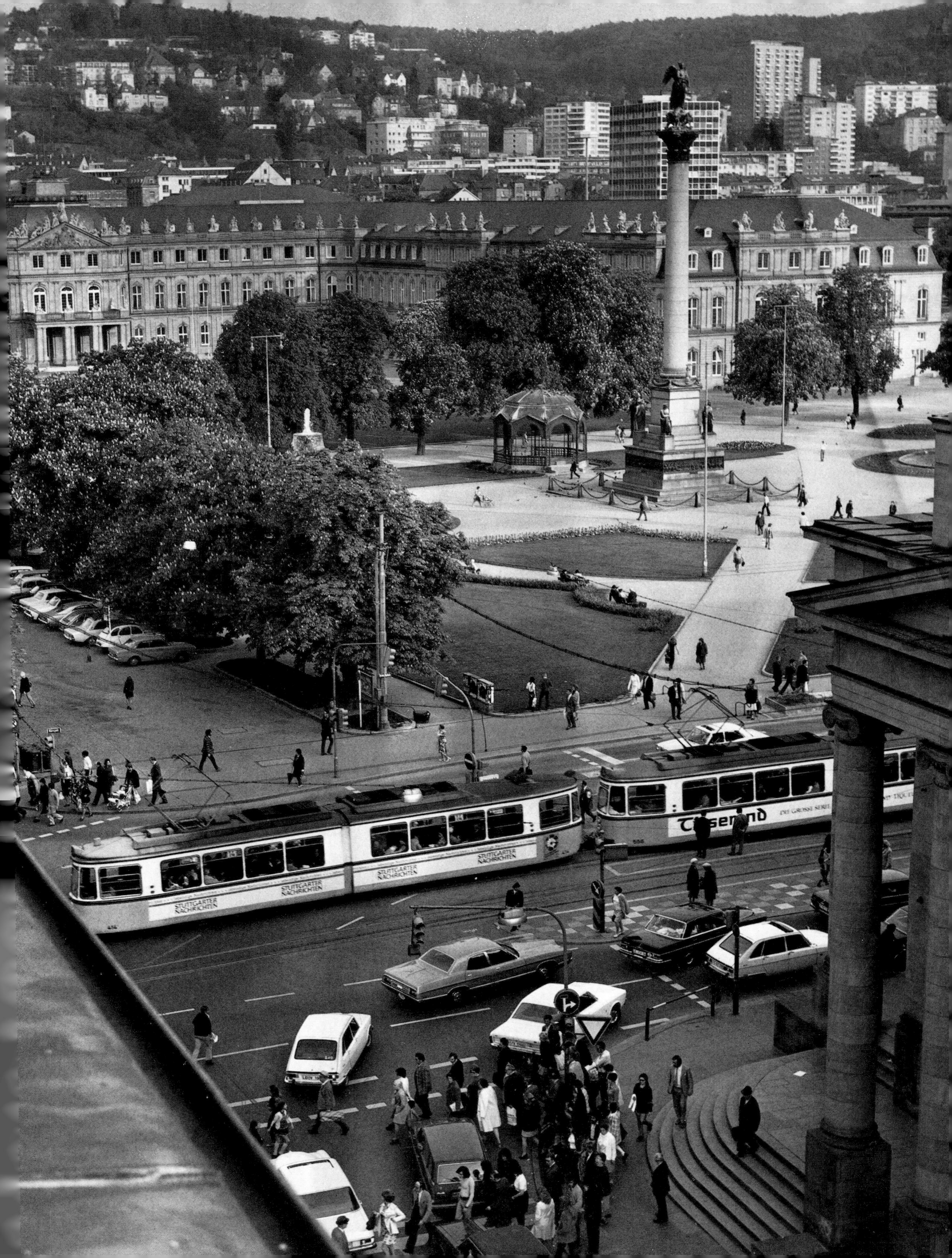
STUTTGARTER NACHRICHTEN

Schön ist der Schloßplatz, wenn die Sonne
scheint und die Brunnen fließen.

It is good to be on the Schloßplatz — if the sun
is shining and the fountains run...

Comme la Schloßplatz est belle, quand le soleil
brille et que les jets d'eau l'agrémentent.

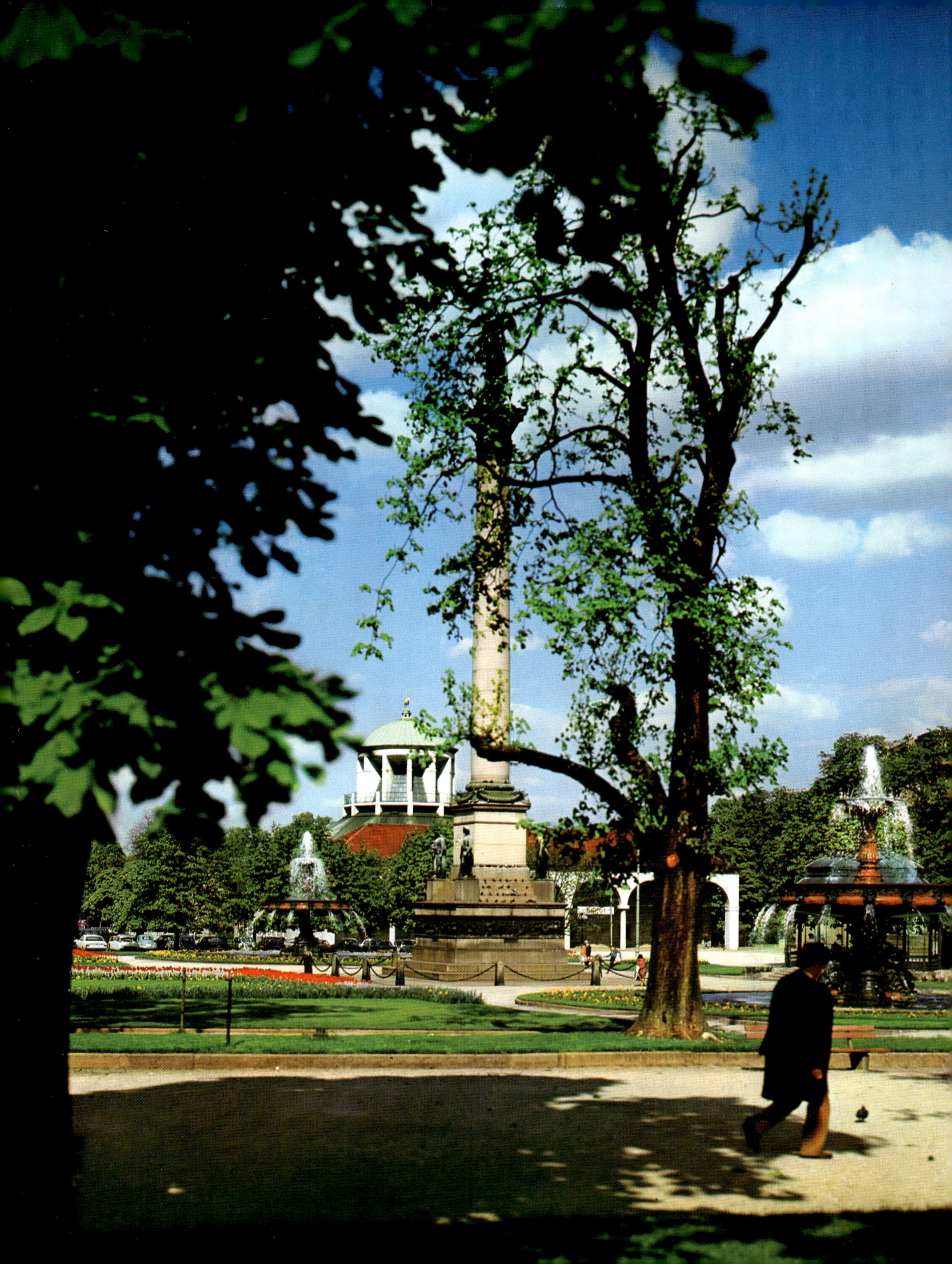

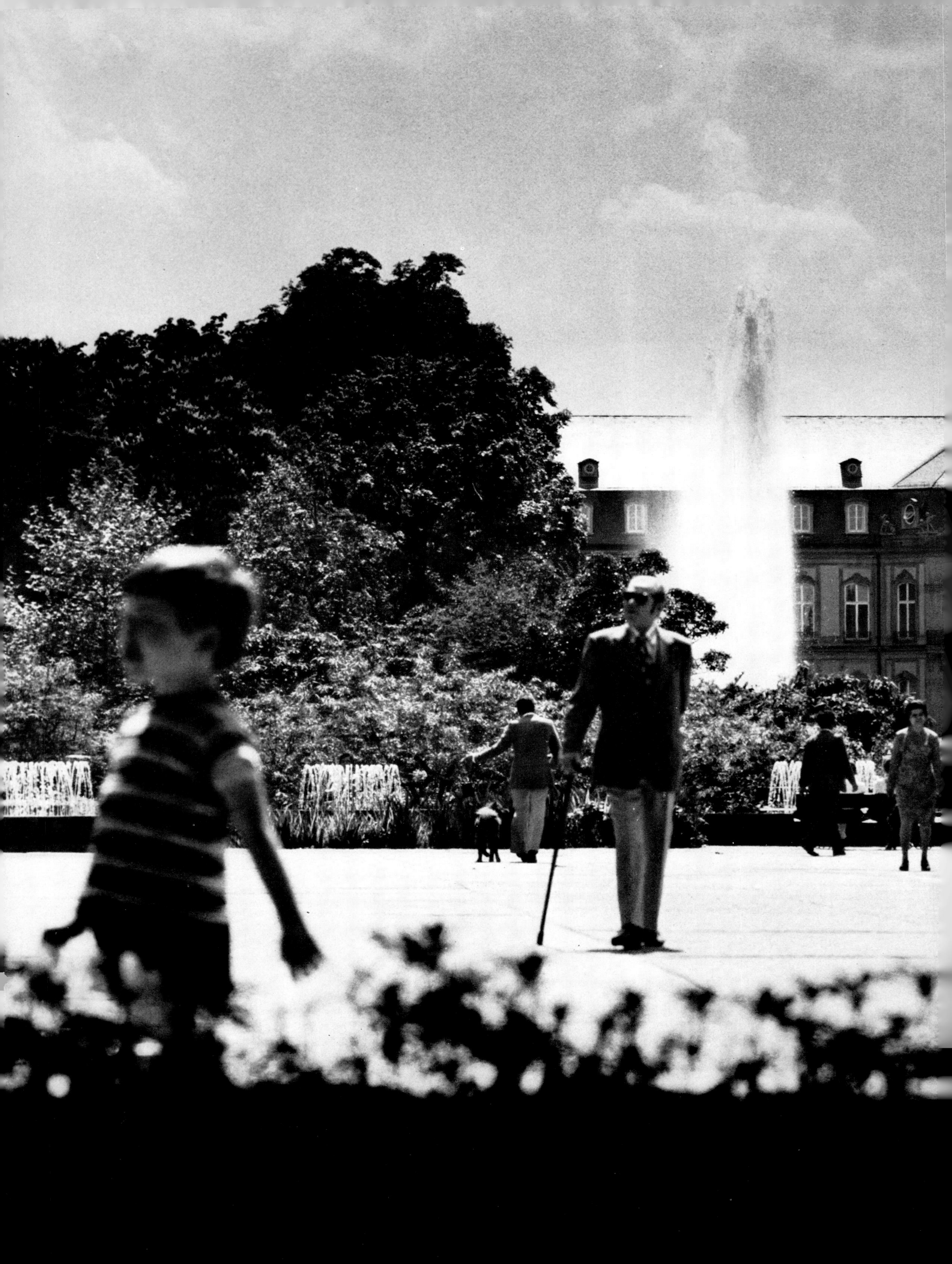

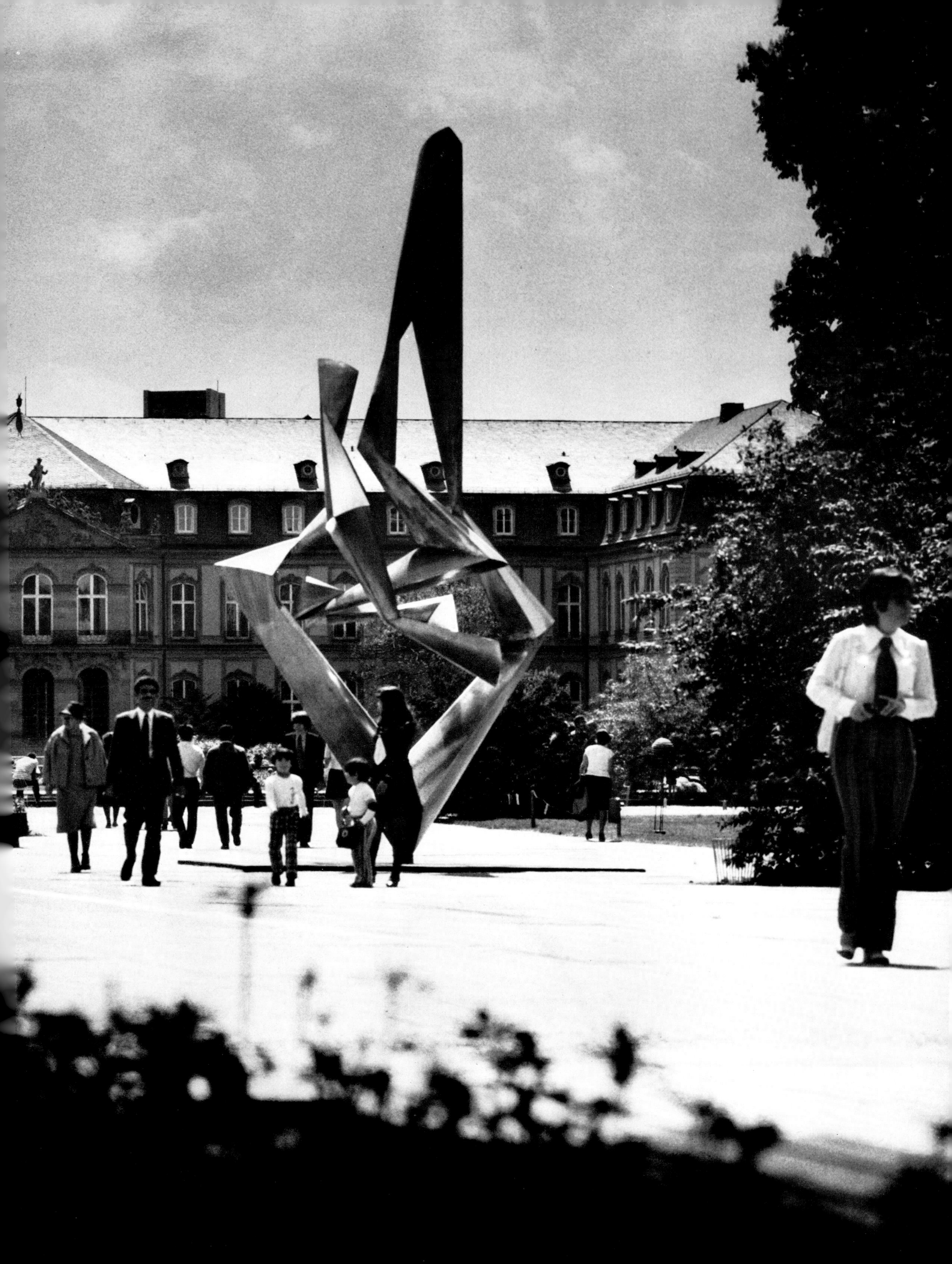

Seite 124/125 Das Leichtmetallgebilde vor dem Schauspielhaus, die Fontäne vor dem „Großen Haus" und der Rosengartenflügel des Neuen Schlosses sind hier fotografisch zusammengeholt. Dieser Seitenflügel des Schlosses, in einem klassizistisch beruhigten Barock, beherbergt das Finanzministerium.

Page 124/125 The light-metal sculpture in front of the theatre, the fountain in front of the "Große Haus" and the rosegarden's wing of the "Neue Schloß" are brought together here by means of photographic layout. This part of the palace, built in classicistical baroque style, today houses the Ministry of Finance.

Page 124/125 L'œuvre de métal léger devant la Schauspielhaus (théâtre), les jets d'eau devant la «Großes Haus» et l'aile du Rosengarten (roseraie) du «Neues Schloß» sont réunis sur cette photo. Cette aile latérale du château, en style baroque déjà proche du classique, abrite le ministère des Finances.

In einer alten Cannstatter Weinwirtschaft. Die Freude am Wein lähmt nicht das kritische Bewußtsein; sie erhellt es.

In one of the old wine-rooms in Cannstatt.

Dans une auberge à vin de Cannstatt. L'amour du vin ne paralyse pas l'esprit critique; il l'anime.

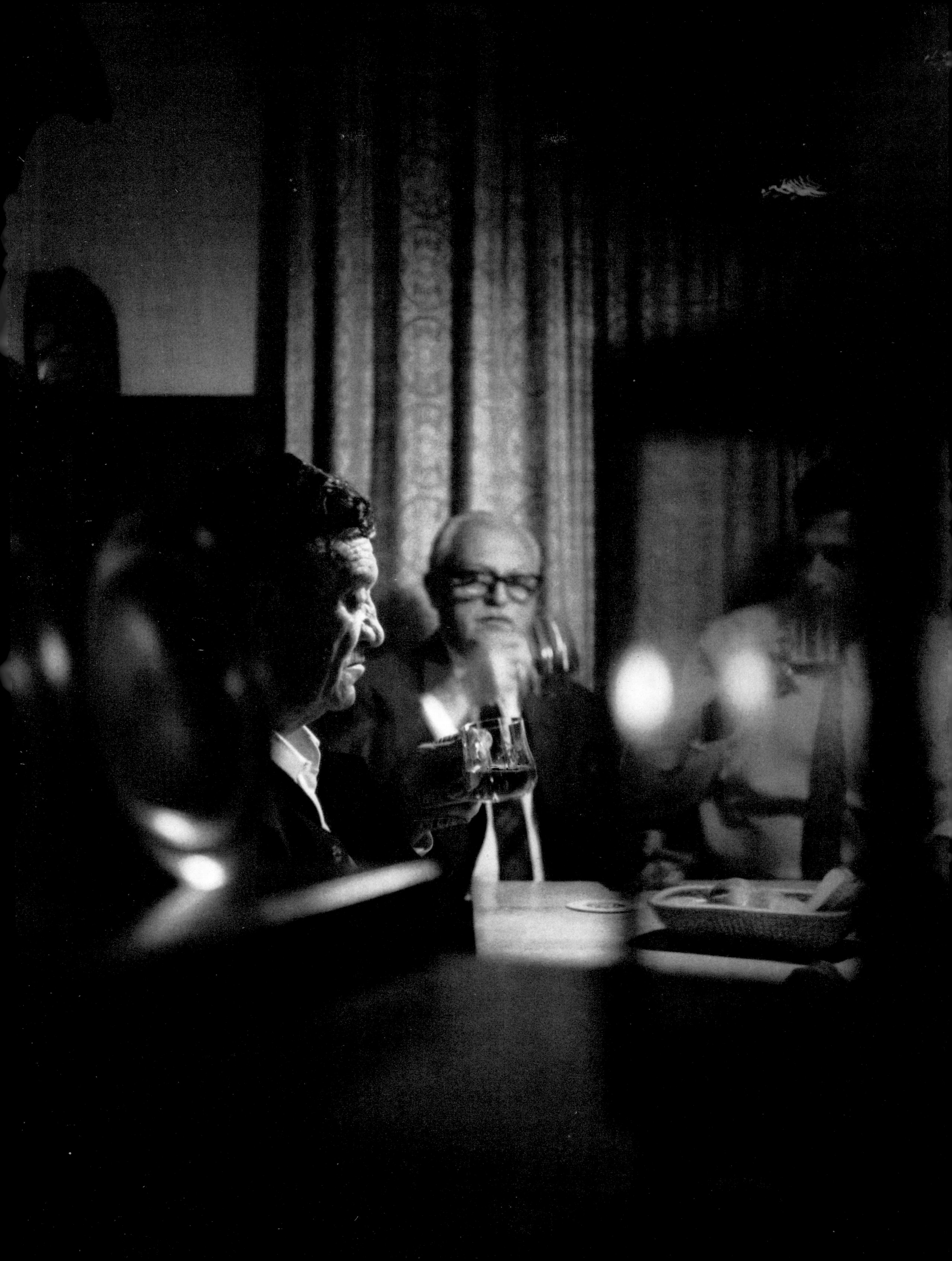

Stuttgarter Herbst, hier auf dem rechten
Neckarufer; die Ernte, die da eingebracht wird,
ist der hoffnungsreiche Einundsiebziger.

Autumn in Stuttgart, on the right side of the
Neckar. This vintage is the promising "1971".

Les vendanges à Stuttgart, ici sur la rive droite
du Neckar; la récolte faite sur cette photo
donnera le cru 1971 qui permet tous les espoirs.

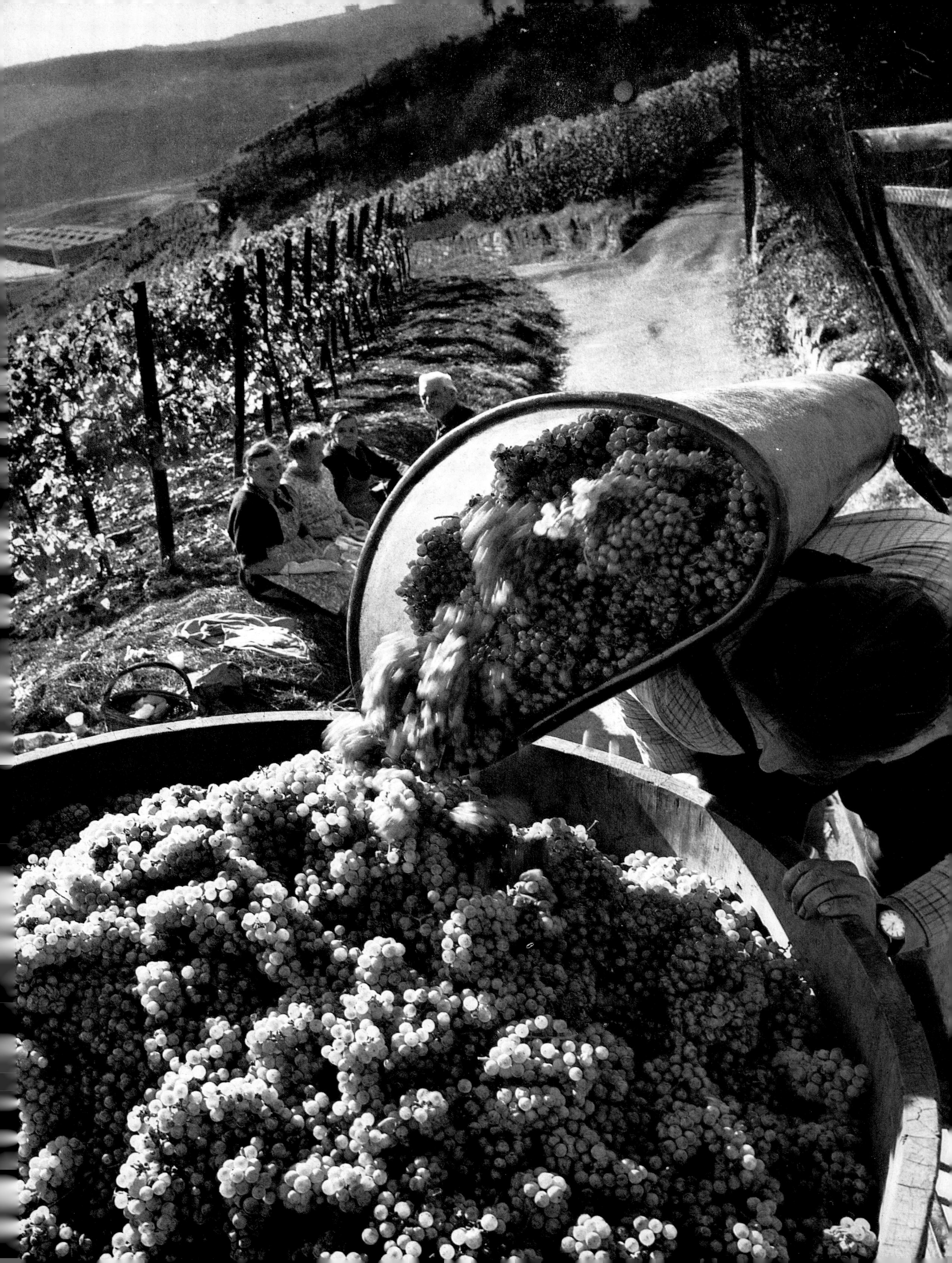

Der Kursaal in Cannstatt ist einer der nobelsten klassizistischen Bauten der Stadt, 1825 von Thouret gebaut; einst Mittelpunkt eines lebhaften Badelebens.

The Casino in Cannstatt is one of the most beautiful buildings in classicistical style. It was built by Thouret in 1825, and was once the centre of the spa.

Le Kursaal à Cannstatt est l'un des bâtiments classiques les plus nobles de la ville, bâti en 1825 par Thouret. Il a été autrefois un centre balnéaire très animé.

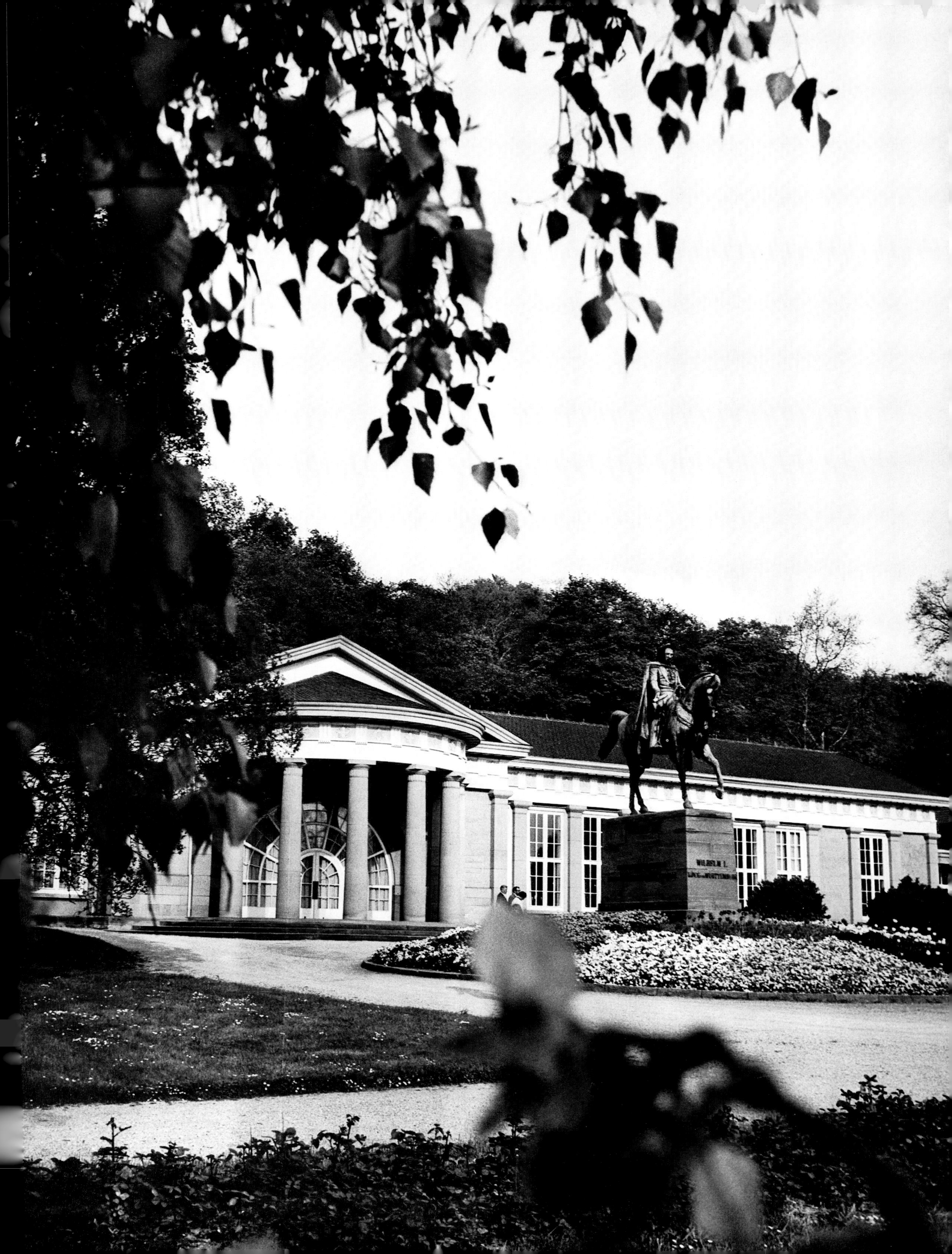
WILHELM I.

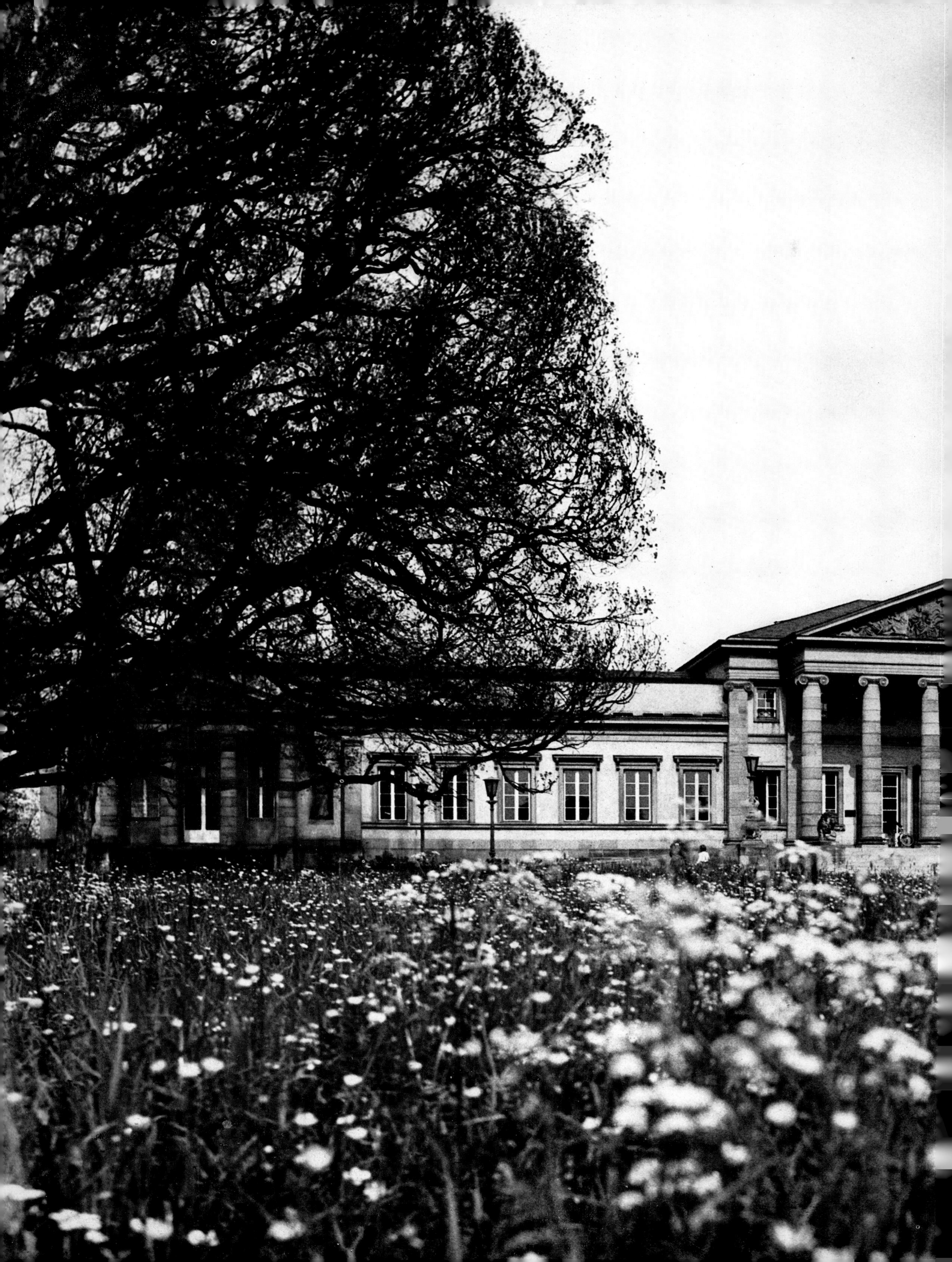

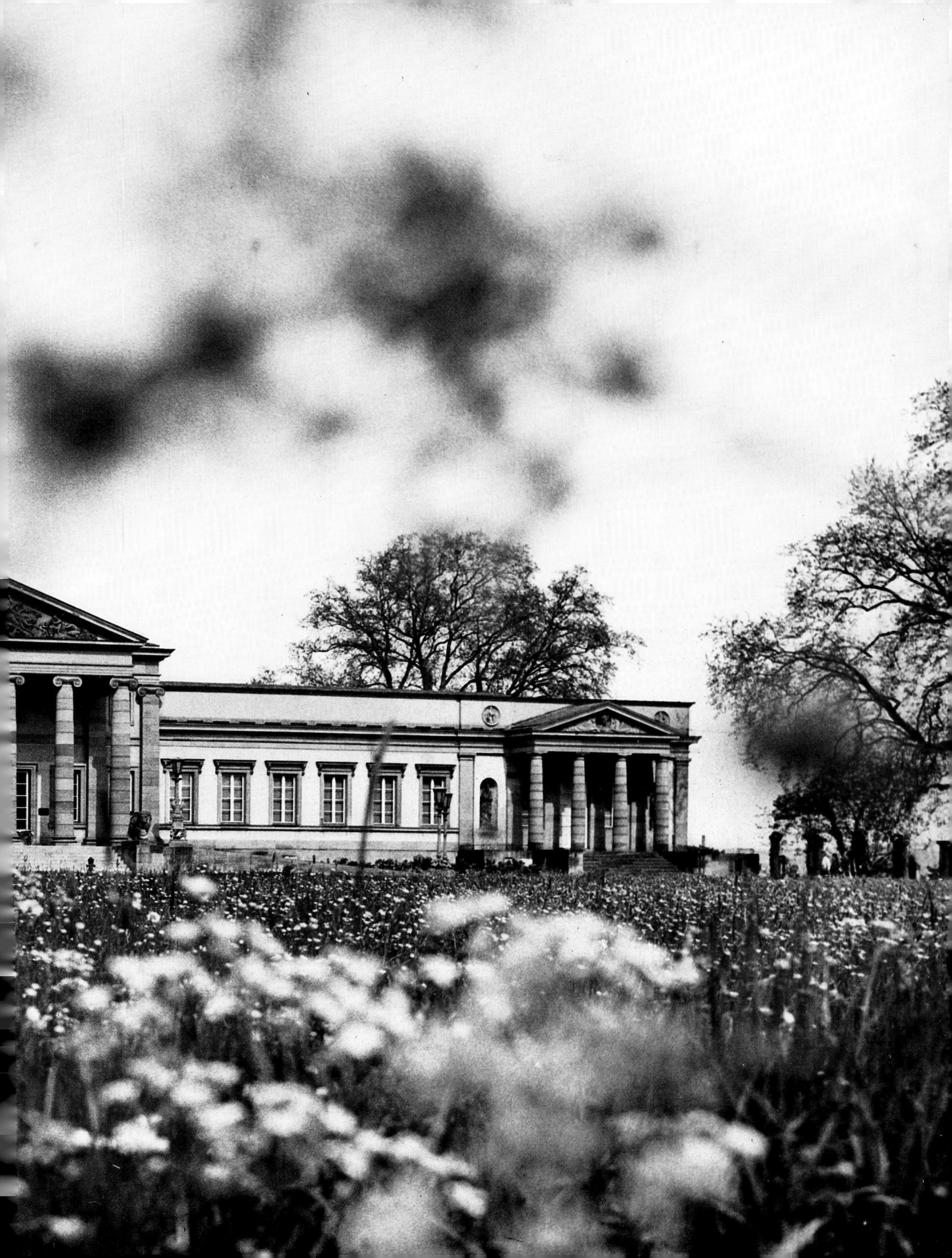

Seite 132/133 Im frühen Biedermeier ließ sich König Wilhelm I. von seinem Baumeister Salucci auf einem sanften Hügel über dem Neckar, nach englischem Geschmack und in einem englischen Park, das Schloß Rosenstein bauen.

Page 132/133 In the early Biedermeier, King Wilhelm ordered his architect Salucci to built the palace of Rosenstein. It is situated on a gentle hill above the Neckar and is built in English style in the middle of an English park.

Page 132/133 Au début de l'époque Biedermeier, le roi Wilhelm Ier a fait bâtir par son architecte Salucci le château Rosenstein, sur une douce colline au-dessus du Neckar, dans le genre anglais et dans un parc anglais.

Ein Winkel aus dem alten Cannstatt. Der Turm der gotischen Stadtkirche – sie war übrigens den heiligen Ärzten Cosmas und Damian geweiht, ein direkter Bezug auf Cannstatts heilende Quellen – ist von Heinrich Schickhardt in der Spätrenaissance umgestaltet worden, mit einer Dachspitze, die in ihren lustigen, überbetonten Formen beinahe wie eine Chinoiserie anmutet.

In one of the crooked streets in the older parts of Cannstatt. The tower of the Gothical city-church looks almost like a Chinese pagoda with its funny, exaggerated forms. The church was changed in style in the late Renaissance by Heinrich Schickhardt. It was named after the holy doctors Cosmas and Damian and this doubtlessly refers to the medicinal springs of Cannstatt.

Un coin du vieux Cannstatt. Le clocher de l'église gothique – elle était dédiée aux saints hommes de médecine Côme et Damien, allusion aux sources bienfaisantes de Cannstatt – a été transformé par Heinrich Schickhardt à la fin de la Renaissance et possède un toit pointu qui, avec ses formes amusantes et très marquées, fait presque penser à un style chinois.

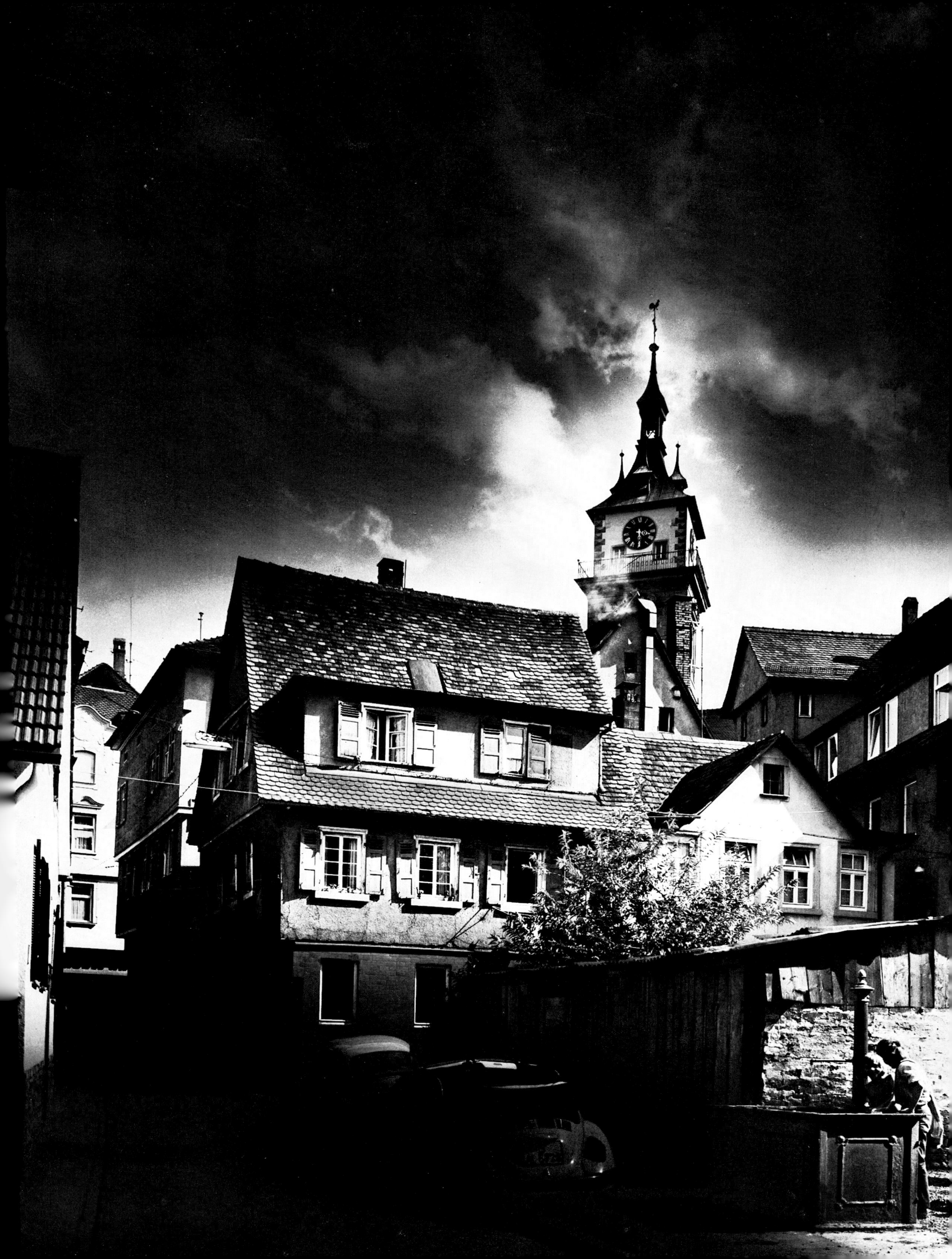

RHENUS

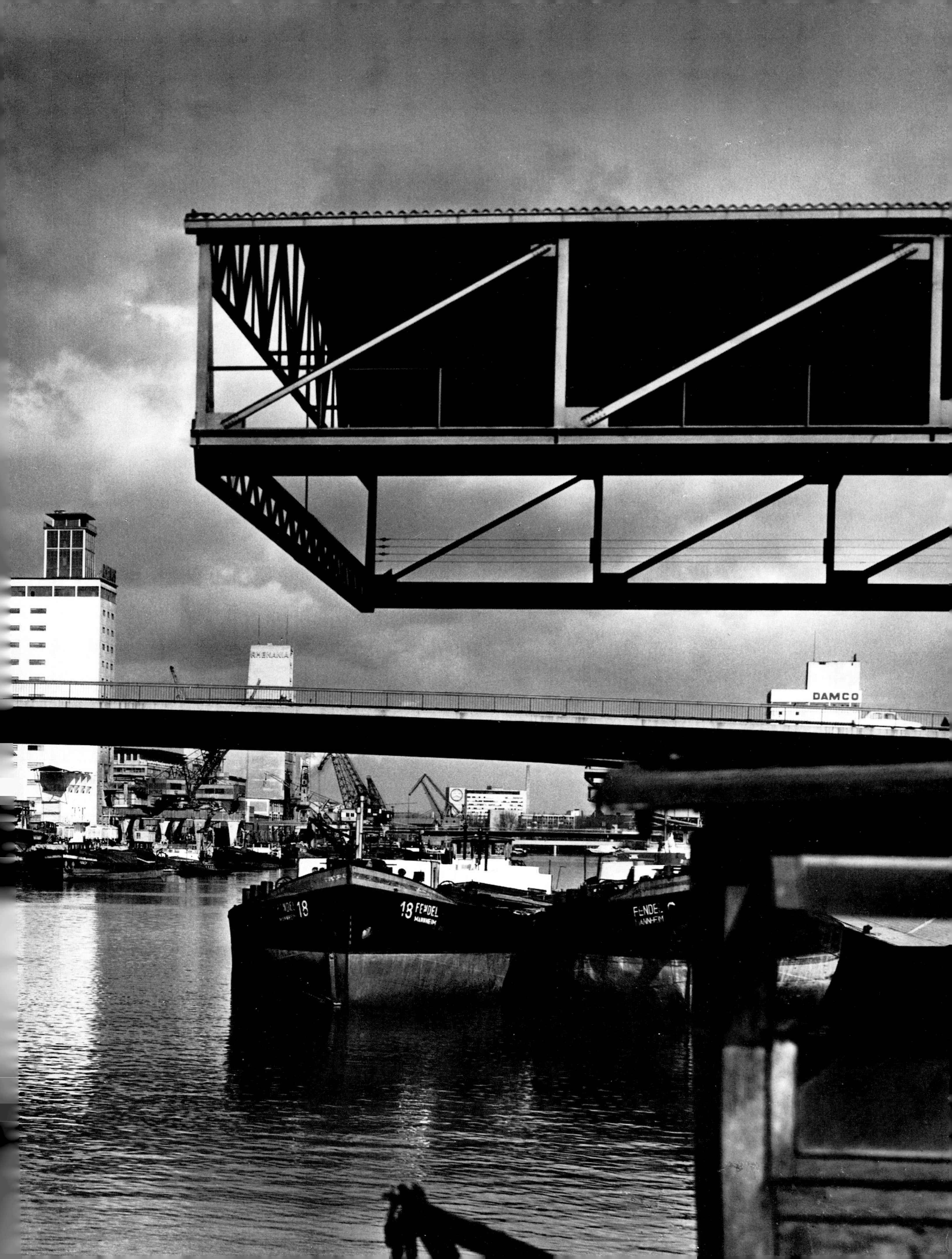

RHENANIA
DAMCO
18 FENDEL
MANNHEIM

Seite 136/137   Betrieb im Neckarhafen. Auch das ist ein Stück Stuttgart, obwohl das Bild ebensogut in Mannheim oder Duisburg aufgenommen sein könnte.

Page 136/137   "Traffic-jam" in the port of Stuttgart. This is also a part of Stuttgart, although one could think to be in Mannheim or Duisburg as well.

Page 136/137   Le port du Neckar. Cela aussi, c'est un coin de Stuttgart qui pourrait toutefois aussi bien se situer à Mannheim ou à Duisburg.

Das Neckartal ist in diesem Abschnitt von Schienen- und Straßenverkehr, Industriehafen, Großmarkt und Fabriken geprägt. Darüber aber erhebt sich die alte Kulturlandschaft, Rebhänge wie seit eh und je – hier mit der alten Kirche von Obertürkheim.

The dominating features of the Neckar valley in this section are rails and highways, the industrial port, market-halls and factories. In the background one can see the old cultivated area with its vineyards – here since immemorable times. On the other side of the picture the old church of Obertürkheim.

La vallée du Neckar, à cet endroit, est caractérisée par le trafic ferroviaire et la circulation routière, par le port industriel, le marché central et les usines. Par dessus, en revanche, on voit le vieux paysage familier. Les vignobles de toujours qui entourent ici la vieille église de Obertürkheim.

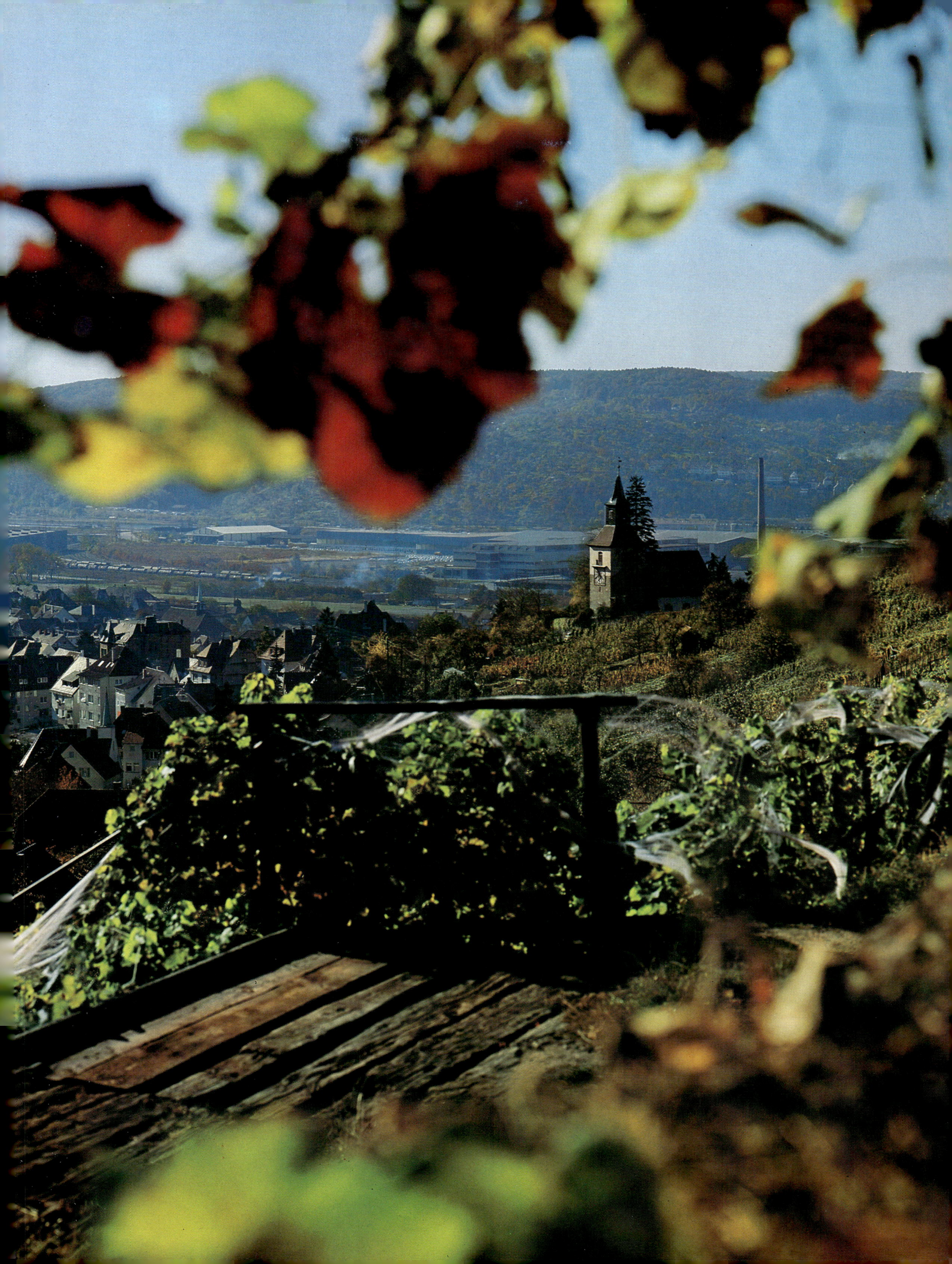

„Der König befahl aus freien Stücken, daß mir seine Villa, die Wilhelma, gezeigt werden solle und ließ mich in der Hofequipage dazu abholen. Diese Erlaubnis wird so selten gegeben, daß Seckendorff (der preußische Gesandte) mir sagte, ich könne sie höher als ein Großkreuz anschlagen; er selbst kennt das Innere nicht, und Rochow hat sie nie zu sehen bekommen. Sie ist im maurischen Stil und dadurch von überraschender Originalität; eine ähnliche Sammlung von weiblichen Nuditäten, wie die Bildergalerie dort und auf Rosenstein sie darbietet, findet sich schwerlich irgendwo wieder."
Bismarck, 1855

In der Wilhelma. Sie war das Spielzeug eines alternden Königs. Bauten und Bäume sind nun weit über hundert Jahre alt und bilden mit den fremden Tieren und den üppig blühenden Blumen einen Bezirk von zauberhafter Schönheit.

In the gardens of the Wilhelma. It was the toy of an elderly king. The buildings and some trees are more than hundred years old and with the strange animals and the flowers in blossom they give the impression of glamerous beauty.

La Wilhelma. Elle était le jouet d'un roi vieillissant. Les bâtiments et les arbres sont maintenant plus que centenaires. Avec les animaux exotiques et les fleurs luxuriantes, elle forme un lieu d'une beauté fascinante.

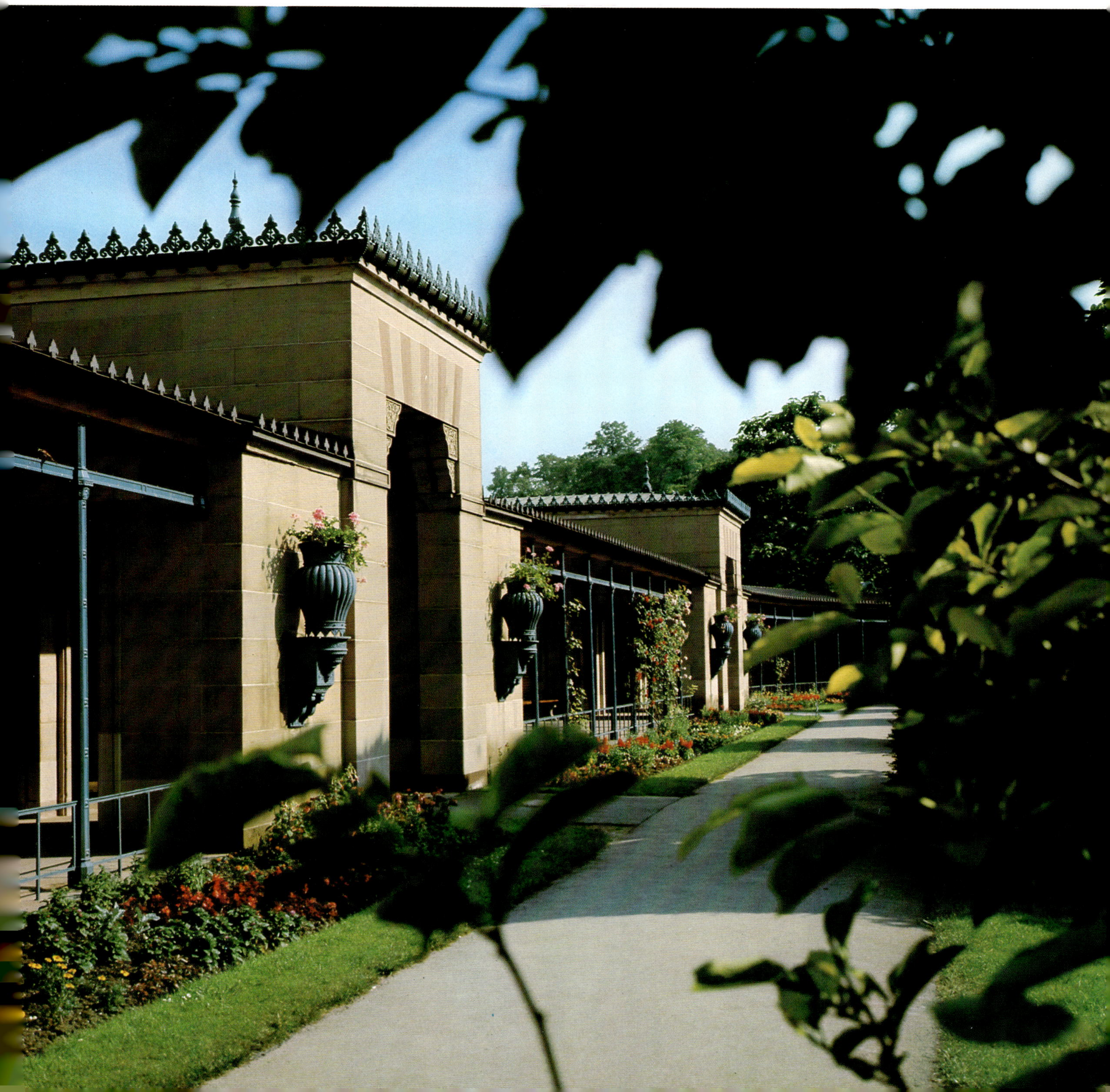

Wenn man dieses Bild sieht, könnte man sich ausmalen, was für ein Erlebnis es wäre, an einem Junimorgen nach Sonnenaufgang hier in der Stille mutterseelenallein zu spazieren.

Seeing this picture one could imagine what an experience it would be to go for a walk here, on a quiet sunday morning in June, all by oneself...

En voyant cette photo, on peut aisément imaginer l'impression qu'on aurait en se promenant seul dans la paix d'un matin de juin, peu après le lever du soleil.

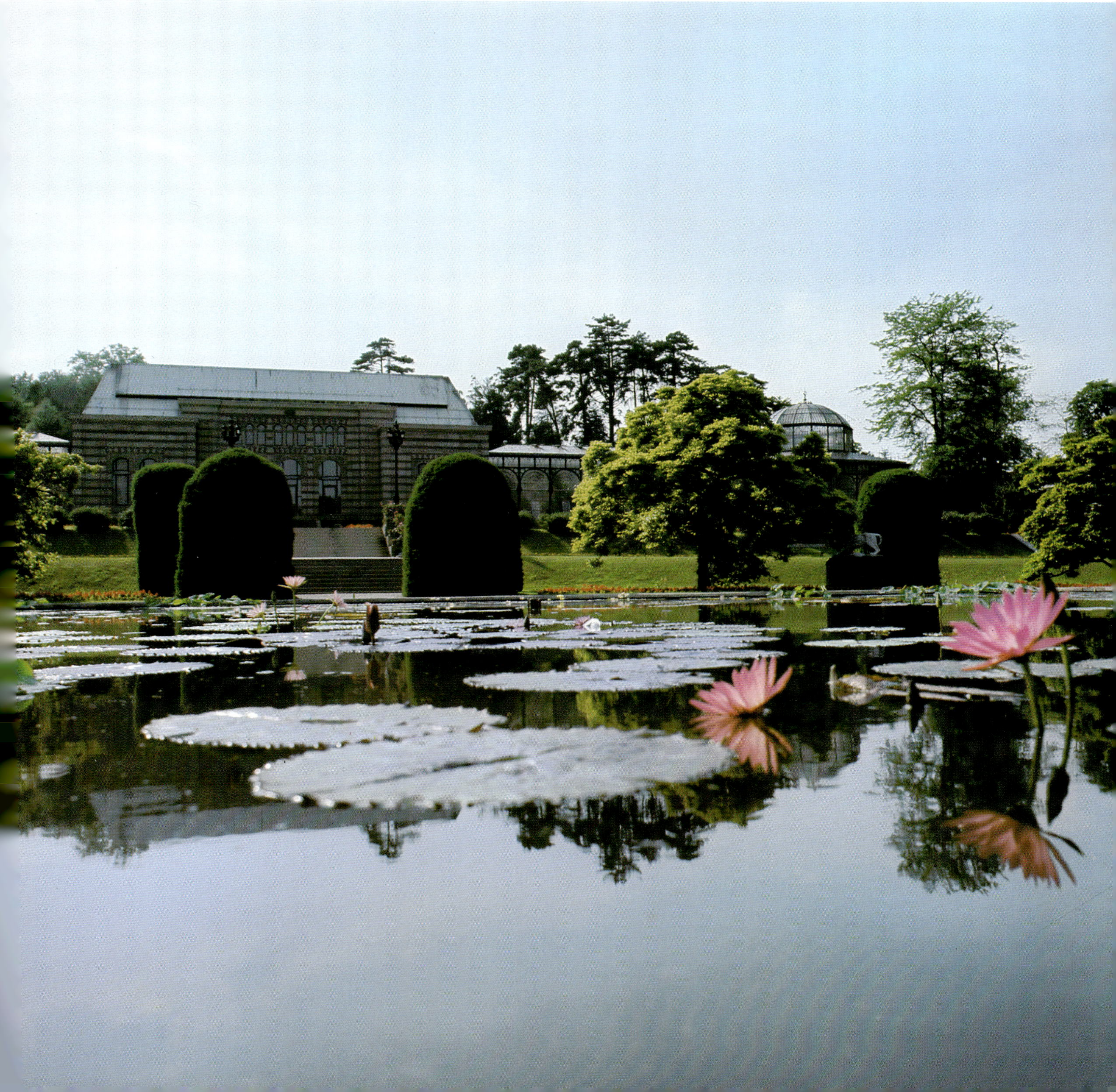

Hier, unterhalb der Cannstatter Brücken, wird das Neckartal ein wenig ruhiger. Blick aus den Weingärten am steilen linken Ufer auf den Fluß und auf den Max-Eyth-See, das Exerzierfeld der Stuttgarter Segler.

Here, beyond the bridge of Cannstatt, the valley of the Neckar is quieter. A view from the vineyards on the left side of the river to the "Max-Eyth-See", the playground of Stuttgart's sailing-fans.

Là, en aval des ponts de Cannstatt, la vallée du Neckar devient un peu plus tranquille. Vue des vignobles de la rive gauche escarpée du Neckar sur le fleuve et le lac Max-Eyth-See, lieu d'exercice des amateurs de bateau à voile de Stuttgart.

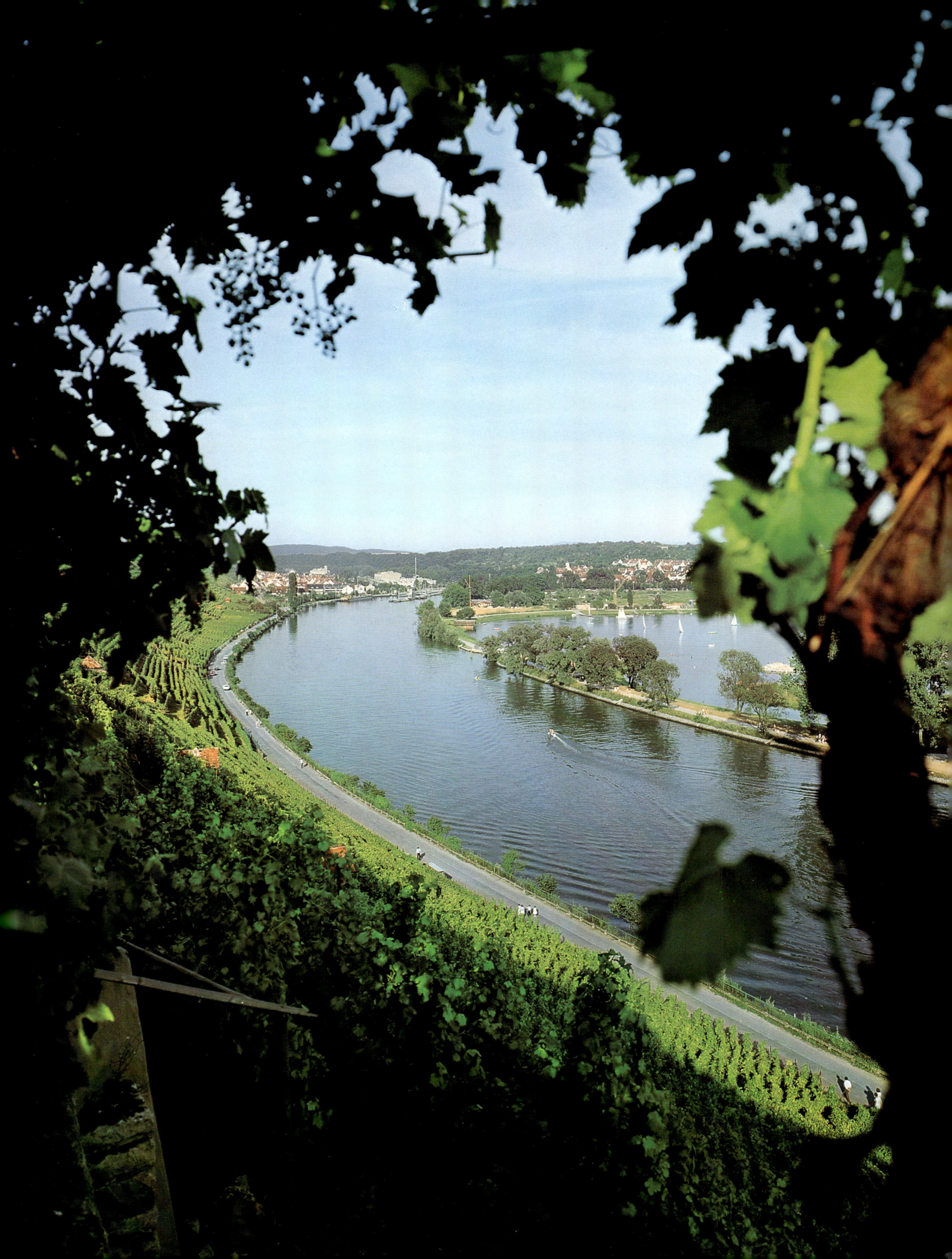

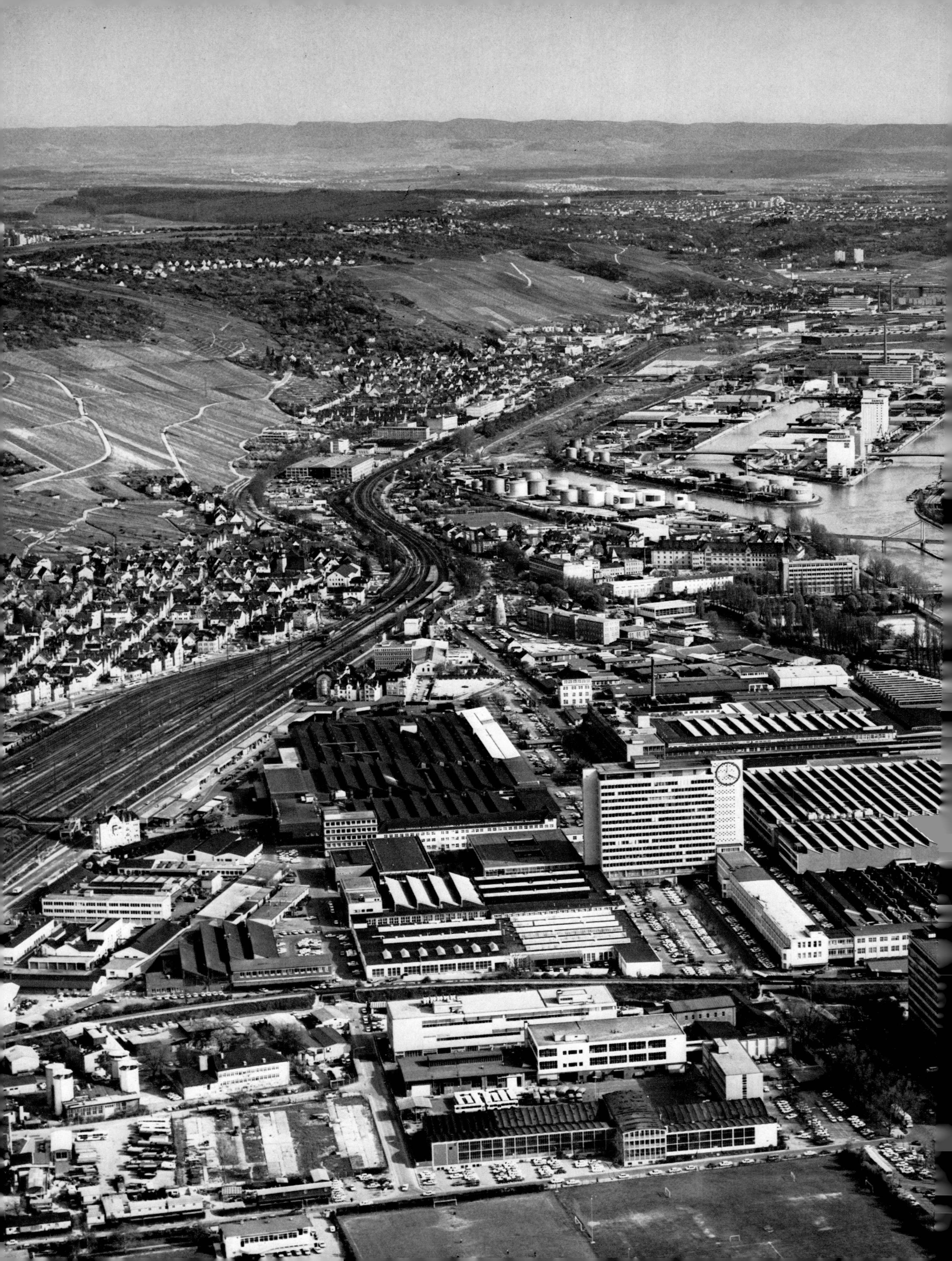

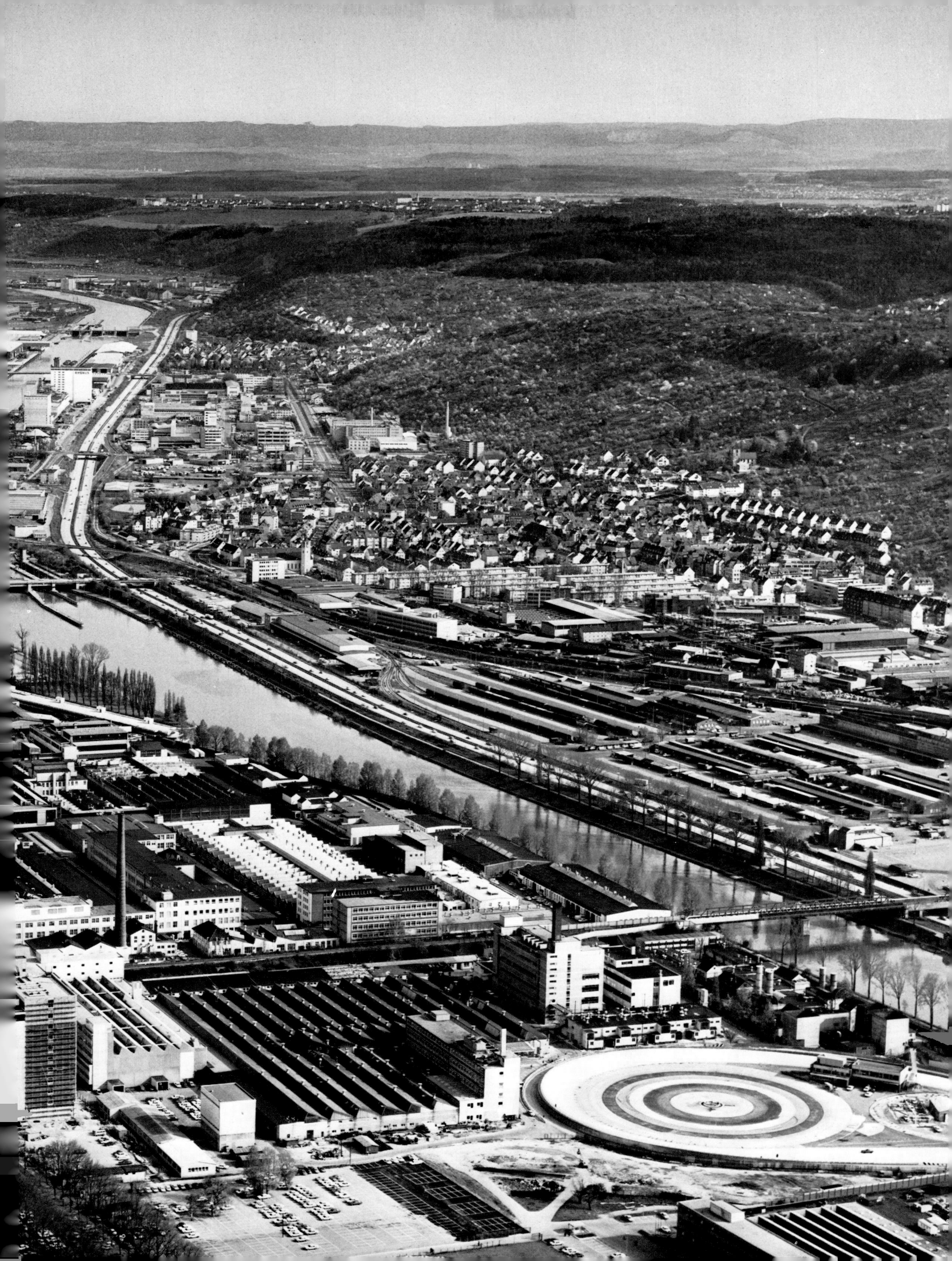

Seite 146/147 Untertürkheim. Zwischen Rebhängen, Fluß und Bahnschienen eine Fabriklandschaft mit dem Hauptsitz eines Weltunternehmens. Der Mercedes-Stern (um die Jahrhundertwende im Orientexpreß zwischen Stuttgart und Paris erfunden: drei Strahlen, die auf die Erde, das Wasser und die Luft weisen) ist zum vielleicht bekanntesten Firmenzeichen der Welt geworden.

Page 146/147 Untertürkheim. An industrial landscape between vineyards, river and rails. A world-wide known enterprise is located here with its main offices. The Mercedes star has probably become one of the most famous commercial signs in the world. It was invented at the turn of the century in the Orient-Express train between Stuttgart and Paris and it shows three beams, which represent the earth, water and air.

Page 146/147 Untertürkheim. Entre les coteaux couverts de vignes, le fleuve et les rails de chemin de fer, l'établissement principal d'une entreprise de renommée universelle. L'étoile de Mercedes (conçue au tournant du siècle, dans l'Orient-Express, entre Stuttgart et Paris: trois flèches qui sont orientées vers la terre, l'eau et l'air) est devenue l'enseigne peut-être la plus connue du monde.

Über den Max-Eyth-See heben sich die Höhen des Neckarufers mit ihren terrassierten Weingärten, darüber ragen die Wohntürme des Freibergs und des Mönchsfelds. Hier ist ein seltener Einklang von Landschaft und modernen Bauten erreicht worden.

The Max Eyth Lake, surrounded by vineyards. In the background the sky-scrapers of Freiberg and Mönchsfeld loom large. Landscape and modern buildings are perfectly in tune.

Au-dessus du lac Max-Eyth-See, s'élèvent les pentes de la rive du Neckar avec leurs vignobles en terrasses, surplombées par les immeubles d'habitation de Freiberg et Mönchsfeld. On a réalisé là une rare harmonie de paysage et de constructions modernes.

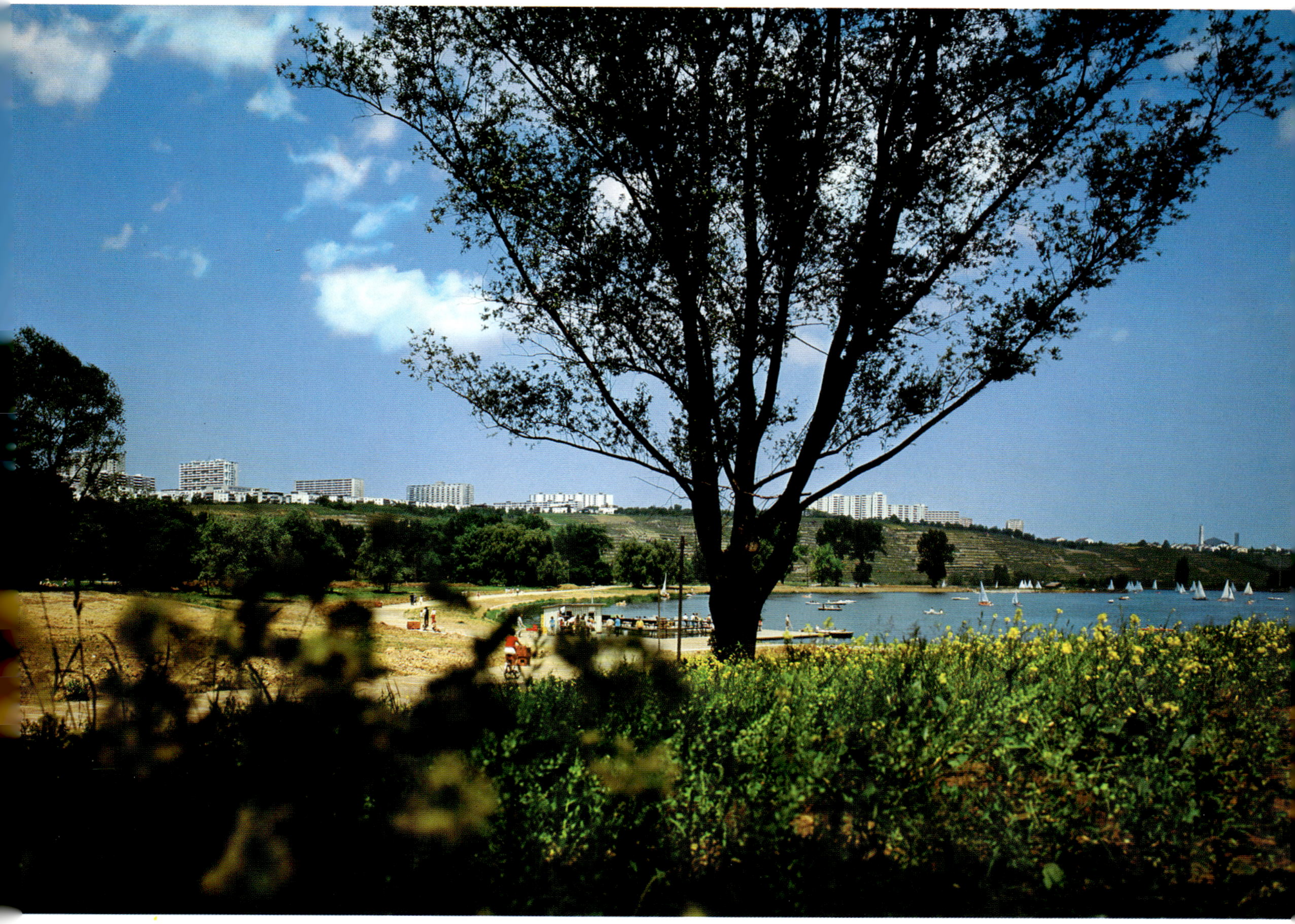

Seite 152/153   Die langen und breiten Verkehrsschneisen prägen das Bild des Stadtrandes. Im Bild die Zentrale von IBM Deutschland.

Page 152/153   In the outskirts of Stuttgart. Highways leading in all directions. In the background the main office of IBM Germany.

Page 152/153   Les échappées larges et longues pour la circulation marquent la physionomie du seuil de la ville. Au fond, la centrale IBM d'Allemagne.

Hoch über dem Degerlocher Wald ragt der Fernsehturm. Er ist 1955 von Fritz Leonhardt erbaut worden — wahrscheinlich das bedeutendste Bauwerk der Stadt nach dem zweiten Weltkrieg, denn er ist zum Muster zahlreicher Türme in aller Welt geworden.

The television tower looms large above the forest of Degerloch. It was built by Fritz Leonhardt in 1955 and is probably the most significant building of Stuttgart after World War II, because it has become model of similar towers all over the world.

Bien au-dessus de la forêt de Degerloch s'élance la tour de télévision. Elle a été bâtie en 1955 par Fritz Leonhardt et constitue probablement l'ouvrage d'architecture le plus important qui a servi de modèle pour la construction de nombreuses autres tours à travers le monde, après la guerre.

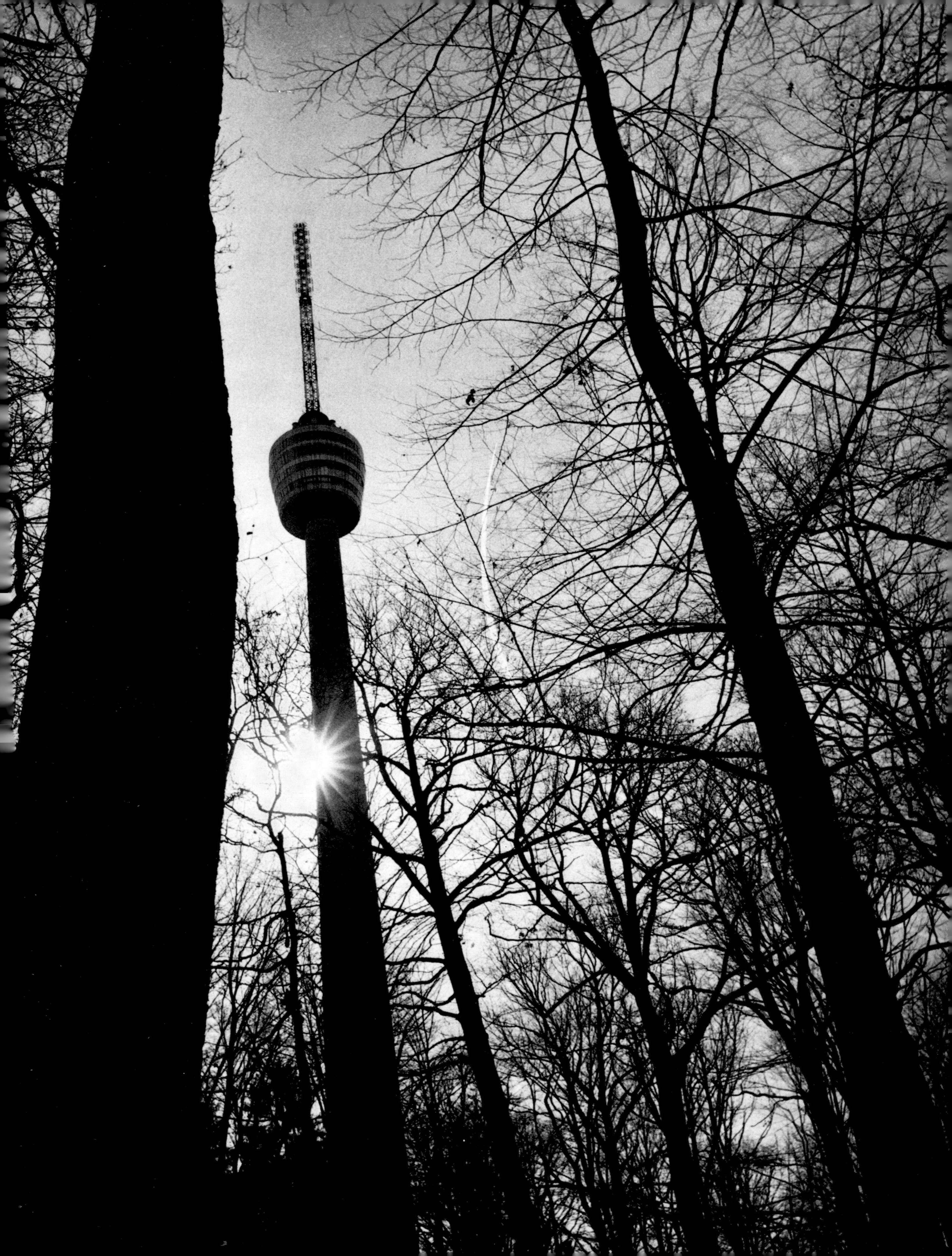

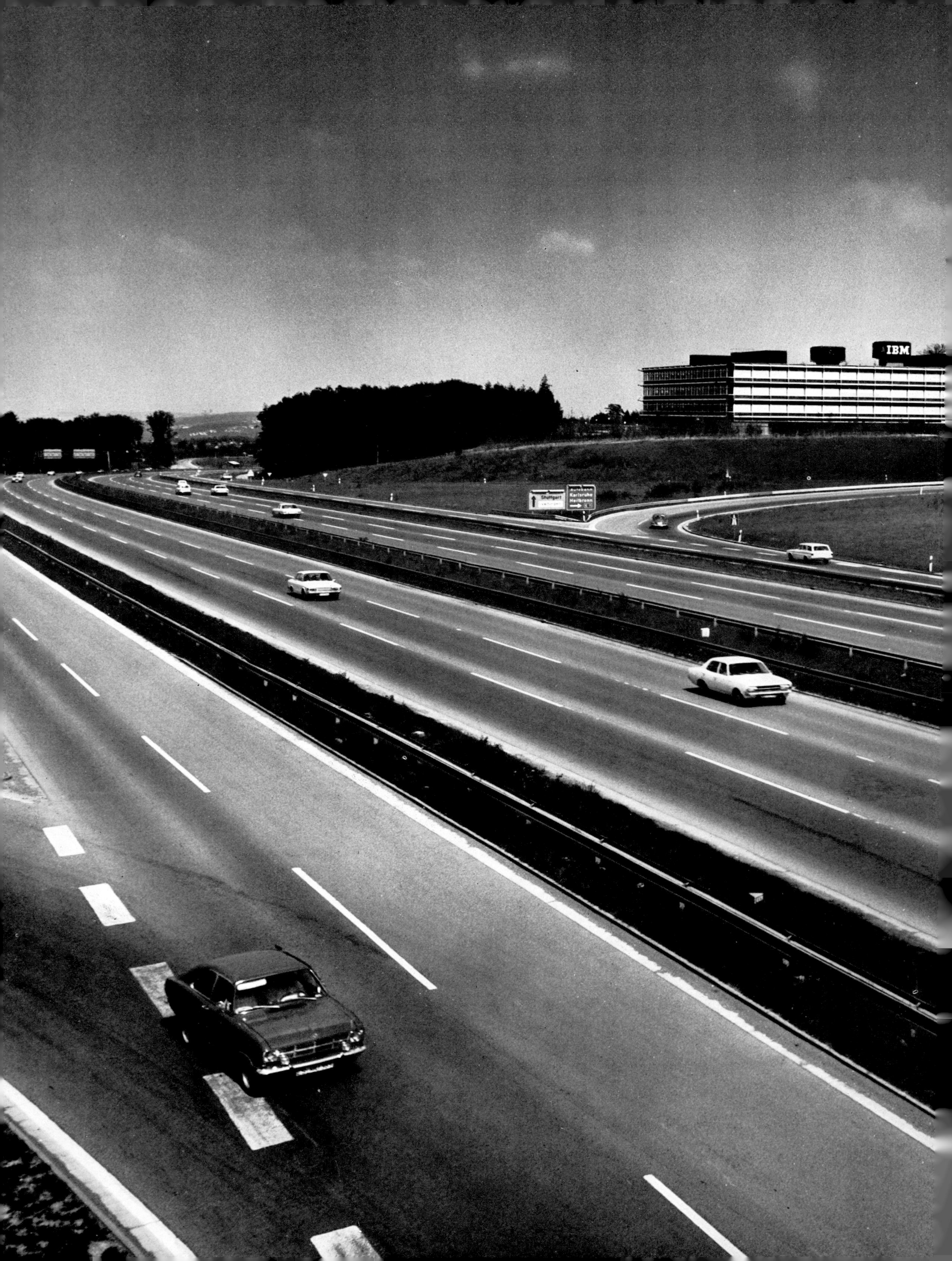
IBM
Stuttgart
Karlsruhe
Heilbronn

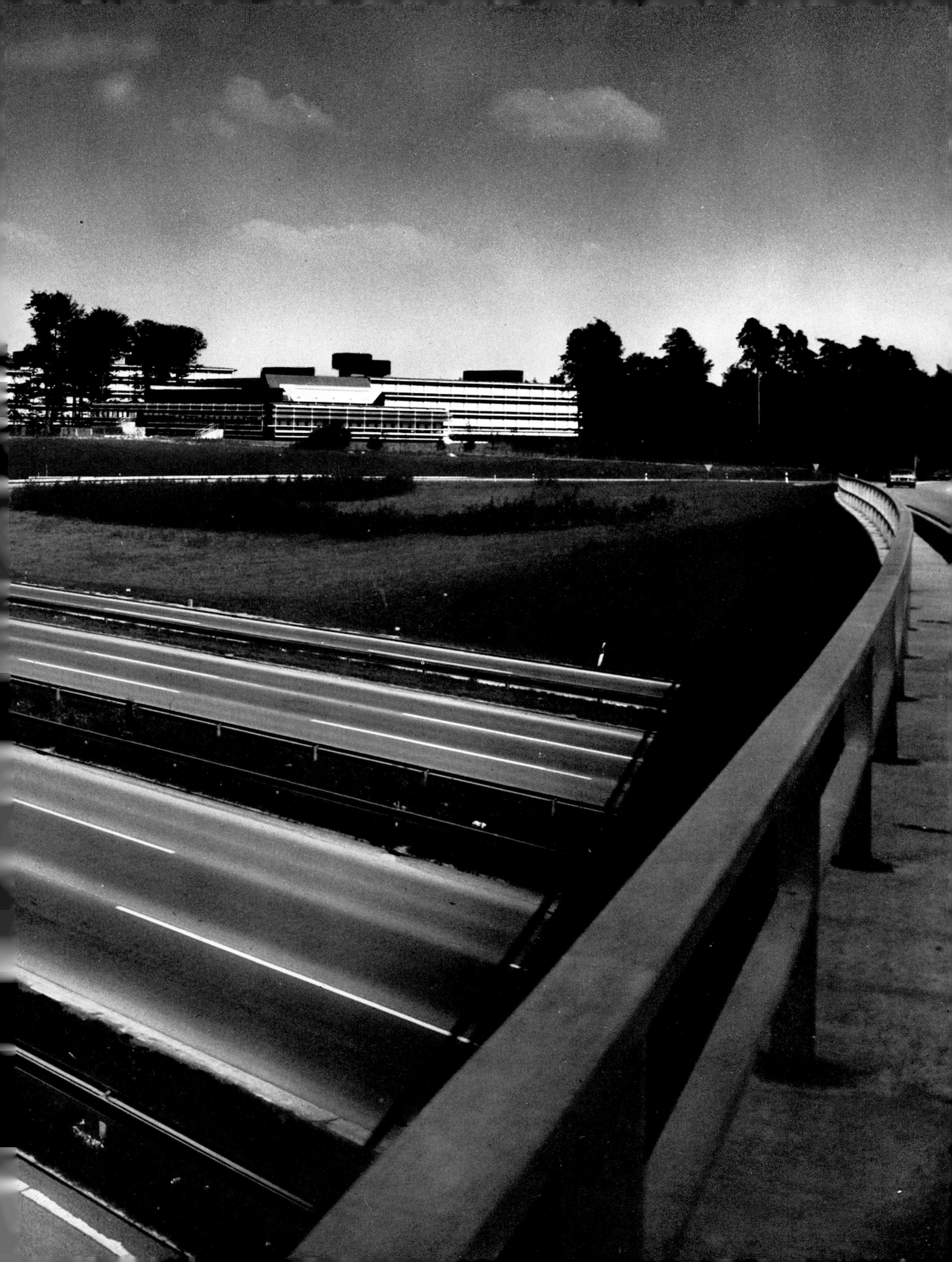

Wer über die Höhen um die Stadt fährt oder, was noch besser ist, geht, genießt ein sich dauernd wandelndes Panorama, einen Wechsel der Aspekte und Prospekte, der kaum anderswo seinesgleichen findet. Föhniges Wetter, segelnde Wolkenschatten bei starkem Licht, aufziehende Gewitter können bewegte Bilder von großer Schönheit zaubern. Und der Rundgang des Tageslichts, der Lauf der Jahreszeiten bewirken eine unendliche Vielfalt.

Ein Blick von der Zeppelinstraße, im Nordwesten, über die Stadt und hinaus ins Neckartal.

A view from the Zeppelinstraße in the northwest of Stuttgart to the city center and far beyond the Neckar valley.

Une vue de la rue Zeppelinstraße, au nord-ouest, par-dessus la ville, sur vallée du Neckar.

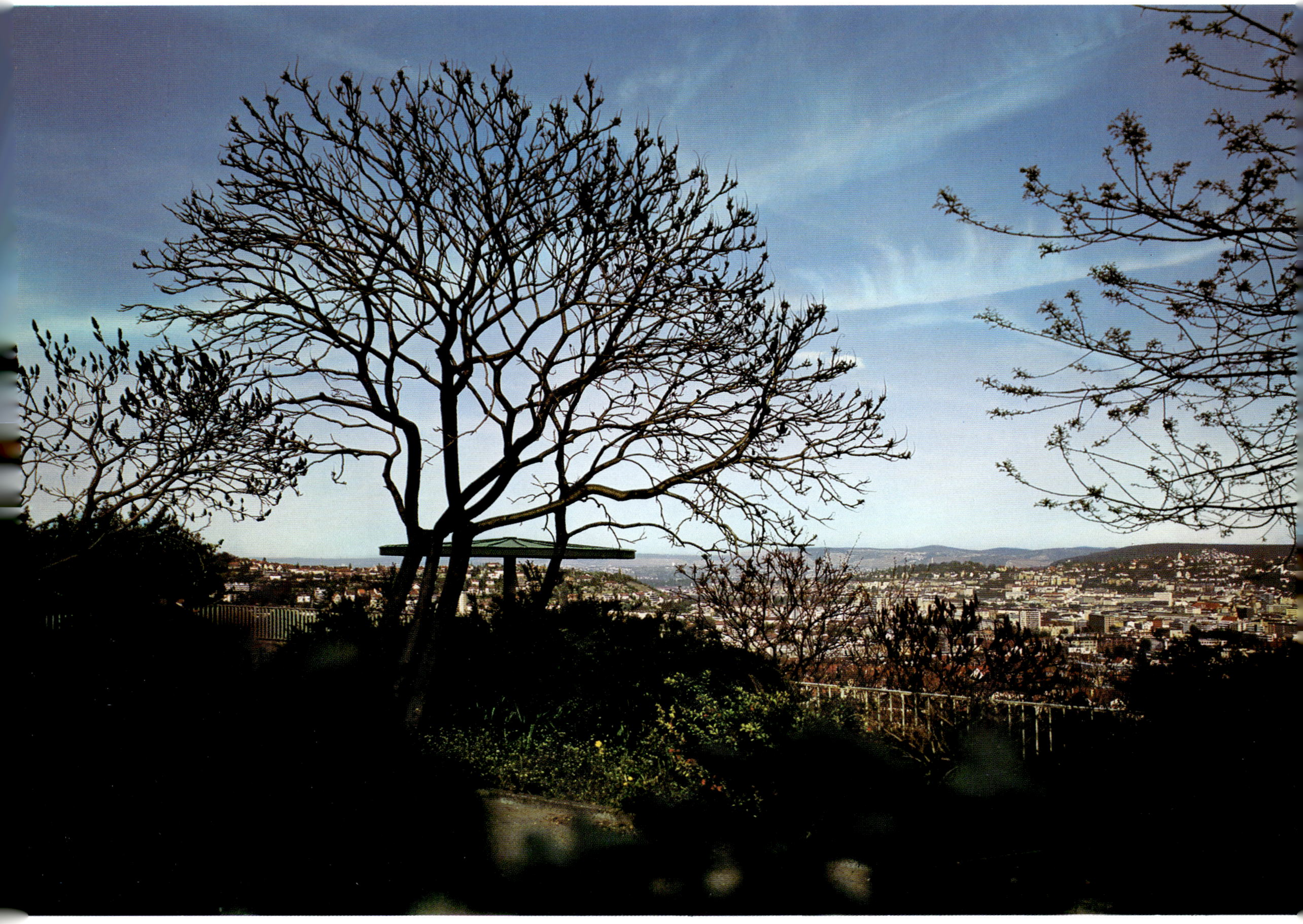

Die Gäubahn. Sie zweigt aus dem Schienenbündel, das vom Hauptbahnhof in hauptsächlich nordöstlicher Richtung ausstrahlt, in einem großen Schnörkel ab und umzieht die Stadt auf halber Höhe im Norden, Nordwesten, Westen, um hinter dem recht still gewordenen Westbahnhof in einem längeren Tunnel zu verschwinden und auf der Höhe des Gäus wieder aufzutauchen. Hier fahren die Züge nach Böblingen, Rottweil, Zürich, dem Gotthardpaß, Mailand und Genua.

The Gäubahn. Its tracks lead off the main line primarily in north-eastern direction. It encompasses the city on the hills in the north, north-west and west to disappear in a long tunnel behind the "Westbahnhof" and to reappear in the "Gäu" (in the province). Trains bound for Böblingen, Rottweil, Zurich, Milano and Genua and the St. Gotthard are running here.

La Gäubahn. Elle se sépare du réseau de rails dirigé surtout vers le nord-est par une grande boucle et entoure la ville à mi-côte au nord, nord-ouest, ouest pour disparaître dans un long tunnel derrière la gare de l'Ouest devenue fort tranquille et réapparaître au niveau du Gäu. Cést là que circulent les trains à destination de Böblingen, Rottweil, Zürich, le col du Saint-Gothard, Milan et Gênes.

Vorsicht Lebensgefahr!
Hochspannung
Fahrdraht
4,95 m über Schiene

Es wäre einmal der Überlegung wert, wie viele Stuttgarter von ihrer Wohnung innerhalb einer Viertelstunde zu Fuß den Wald erreichen können. Man käme auf eine hohe Zahl. Wälder umgeben die Innenstadt und säumen die meisten Vororte. Die dichtesten Wälder erstrecken sich im Südwesten und Westen der Stadt, wo Hasenbergwald, Rotwildpark, Schwarzwildpark und Angenwald weite, zusammenhängende grüne Bezirke bilden. Die Aufnahme ist im Rotwildpark, am Pfaffensee, gemacht.

It would be worth while to reflect about how many inhabitants of Stuttgart are able to reach the forest within a quarter of an hour on food. I think, it is quite a high number. The center of the city and most of the suburbs are surrounded by woods, the thickest of which extend south and south-west of the town, where the Hasenberg forest, the Rotwildpark, Schwarzwildpark and the Angenwald provide an uninterrupted area of parks and woods. This picture shows the Pfaffensee in the Rotwildpark.

Il vaudrait mieux compter le nombres d'habitants de Stuttgart qui peuvent, de leur appartement, gagner la lisière du bois à pied, en un quart d'heure. Ce chiffre serait élevé. Les bois entourent le noyau de la ville et bordent la plupart des faubourgs. La forêt la plus dense s'étend au sud-ouest et à l'ouest de la ville, où la forêt d'Hasenberg, le Rotwildpark, le Schwarzwildpark et la forêt Angenwald forment. des espaces verts continus. La photo a été prise dans le Rotwildpark près du lac Pfaffensee.

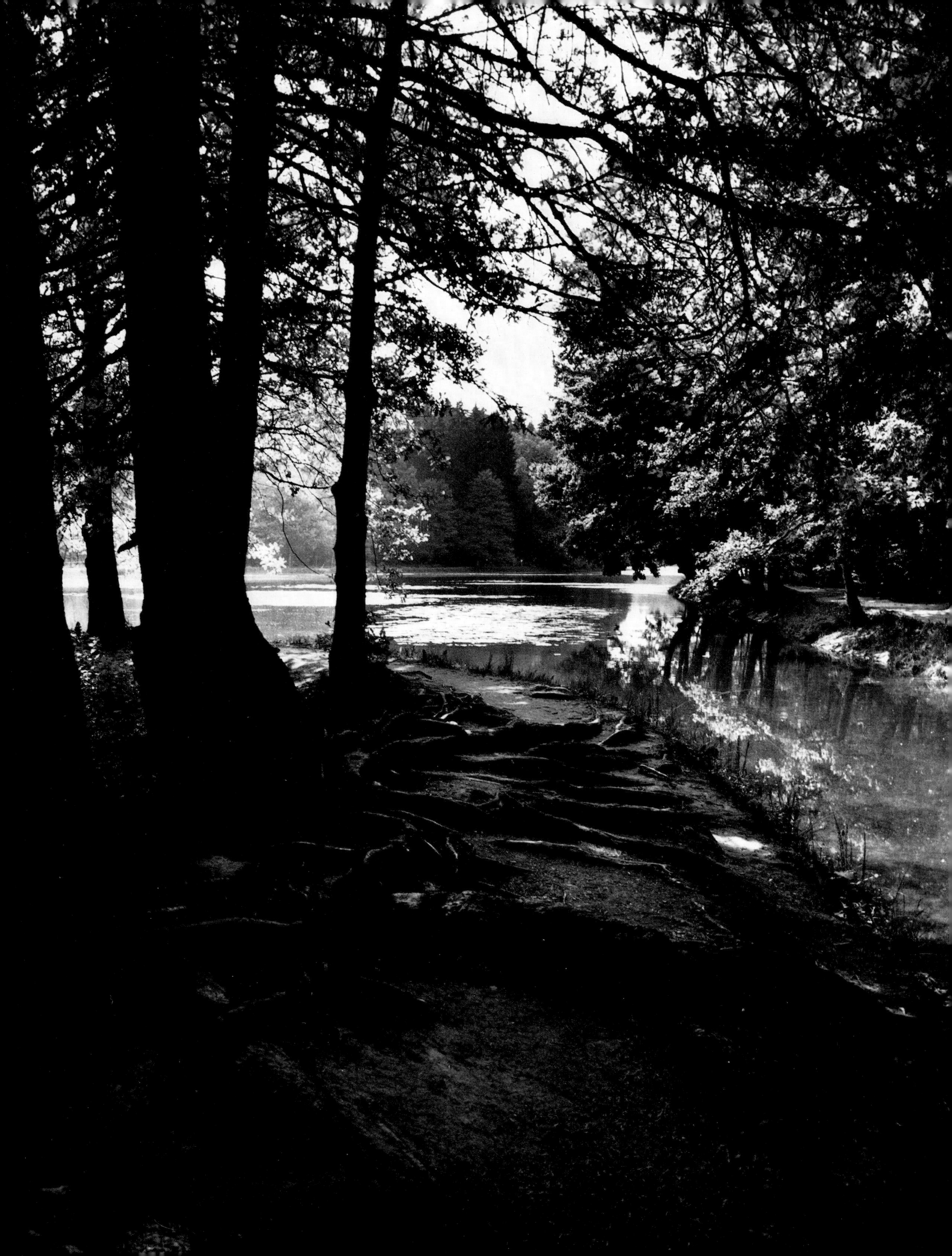

Schloß Hohenheim. Es war der Sitz des altgewordenen Herzogs Karl Eugen, der hier mit seiner Fränzel das geruhsam-tätige Leben von Gutsherr und Gutsfrau geführt hat. Er wohnte übrigens nicht im Schloß, sondern in Mansardenkammern der heutigen Speisemeisterei; dort ist er auch im Oktober 1793 gestorben. – Von dem einst weitberühmten Park existieren nur noch Reste, in denen alte Bäume das Schönste sind.

Hohenheim Palace. Once it was the seat of the old duke Karl Eugen who lived here quietly with his wife Fränzel as patron and patroness. He did not live in the castle, by the way, but in the attic rooms of the "Speisemeisterei" where he died in October, 1793. Only a part of the once famous park still exists today.

Le château de Hohenheim. Il était la résidence du duc Eugen sur ses vieux jours. C'est là que le duc et sa Fränzel ont mené la vie calme, mais non inactive, de propriétaires terriens. Il n'habitait d'ailleurs pas au château mais dans les pièces mansardées de la Speisemeisterei actuelle; c'est là qu'il est mort en octobre 1793. Du parc jadis célèbre il n'existe plus que des vestiges parmi lesquels les vieux arbres sont le plus beau.

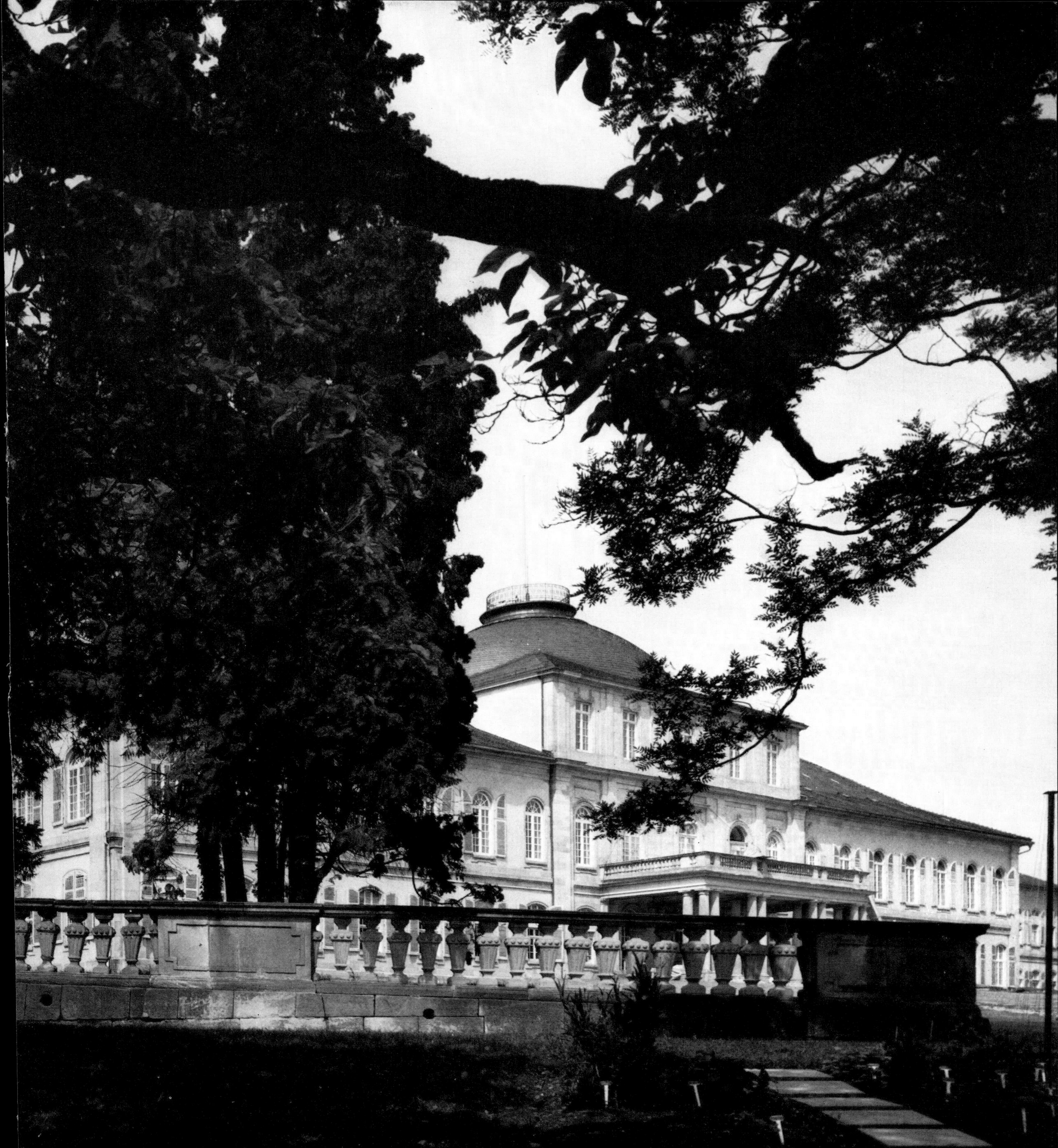

Im Rokoko war das Lustschlößchen Solitude der Mittelpunkt einer ausgedehnten Residenz im Walde. Heute stehen davon nur noch zwei Zeilen von Kavaliershäuschen und die beiden Zirkelbauten – und das Schlößchen selbst, in dem Karl Eugen die Erinnerungen an seine Knabenzeit am preußischen Hof erbaut hat; er hatte die Entstehung von Sanssouci miterlebt.

In the age of rococo the pleasure seat "Solitude" was the centre of an extensive residence. Today only two lines of cavaliers cottages and the two houses for the foodmen and of course the little palace itself still exist. Karl Eugen had built the palace as a remembrance to his youth, which he spent at the Prussian court where he saw the construction of Sanssouci.

A l'époque rococo, le châtelet de plaisance Solitude était le centre d'une vaste résidence forestière. Aujourd'hui, il n'y a plus que deux lignes de maisons de chevalerie et les deux constructions circulaires – ainsi que le petit château lui-même, dans lequel Karl Eugen a muré ses souvenirs d'enfance à la cour de Prusse; il avait assisté à la construction de Sanssouci.

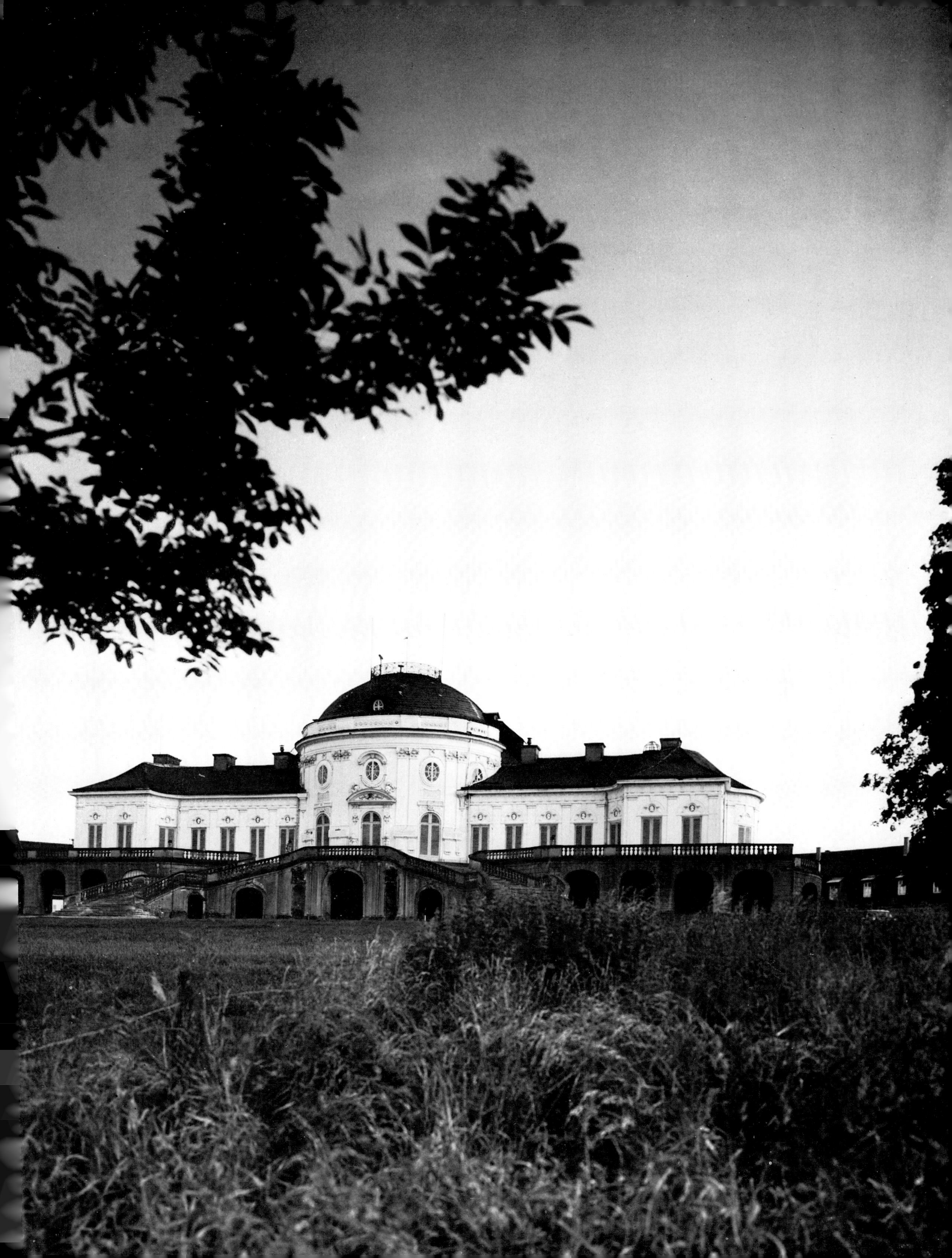

Stäffelein und Staffeln sind charakteristisch für diese Stadt, die aus dem Oval ihres Talgrundes nach fast allen Seiten sanfte oder steile Hänge hinaufklimmt. Stäffelesrutscher hießen die Stuttgarter oder jedenfalls die Stuttgarter Buben, als man noch weit genug auseinander wohnte, um sich von Stadt zu Stadt Spitznamen anzuhängen. Das Urbild, unzählbar noch vor drei Generationen, ist die Weinbergstaffel. Sie ist heute noch zahlreich, besonders in großen Gärten anzutreffen. Aber jede Baustelle in Hanglage, Wohnblöcke oder Verkehrsbauten, läßt sie verschwinden. Im Bild eine der Bopserstaffeln.

Steps and staircases are characteristic for the town, which climbs up the hills surrounding the valley. "Stäffelesrutscher" the Stuttgarters or at least the younger boys of Stuttgart were called at that times when people still lived far away from each other to give the inhabitants of another part of the town nicknames. The model for these staircases were the steps in the vineyards. Still today they can be found in big gardens. But every construction site, housing-area or traffic, let them disappear. On the picture one of the "Bopser-Staffeln" is to be seen.

Petits et grands escaliers sont caractéristiques pour cette ville qui quitte l'ovale de sa vallée de presque tous les côtés et grimpe des pentes raides. Les habitants de Stuttgart, les petits garçons tout au moins, étaient appelés autrefois «glisseurs d'escalier», quand on habitait encore assez loin l'un de l'autre pour se donner des sobriquets d'une ville à l'autre. L'image d'origine, encore très répandue il y a trois générations, est constituée par les escaliers de vignobles. De nos jours encore, on peut la voir souvent, notamment dans les grands jardins. Mais tous les chantiers sur les pentes, immeubles d'habitation ou constructions pour le trafic, la font disparaître. La photo représente une série de marches au Bopser.

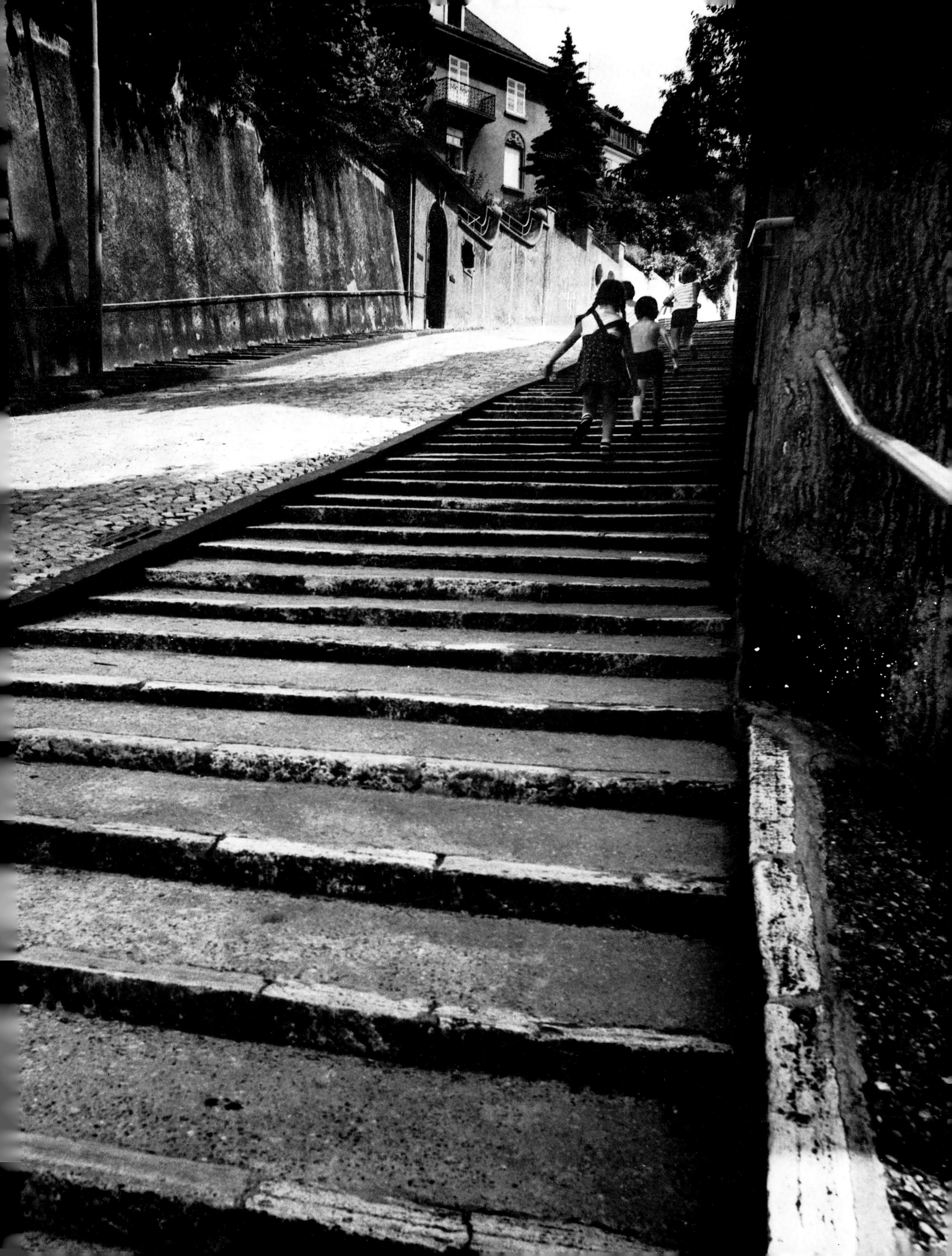

Ungezählte Staffeln an den steilen Hängen der Stadt.

Innumerable steps on the steep hillsides in the city.

Les nombreuses marches d'escalier sur les pentes raides de la ville.

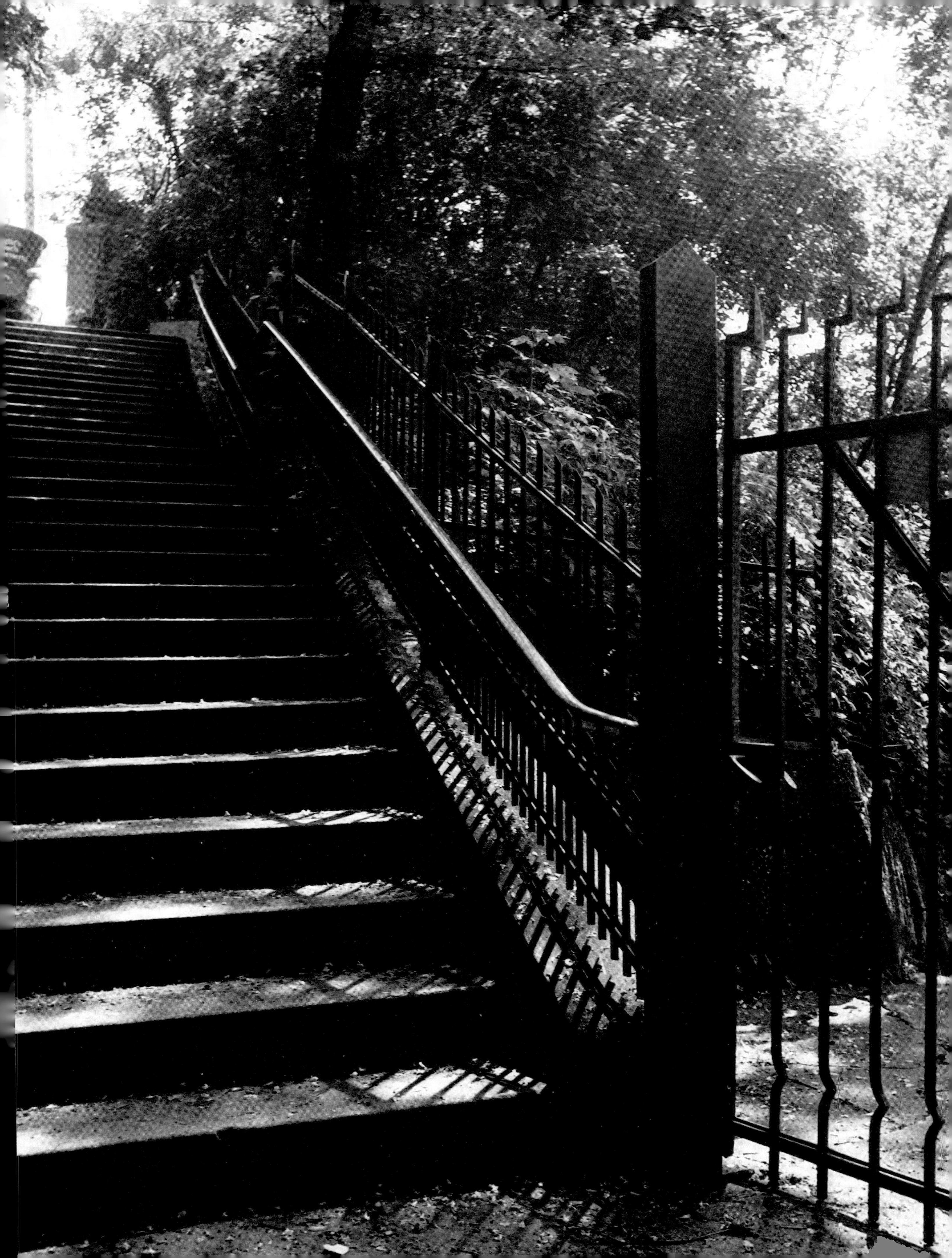

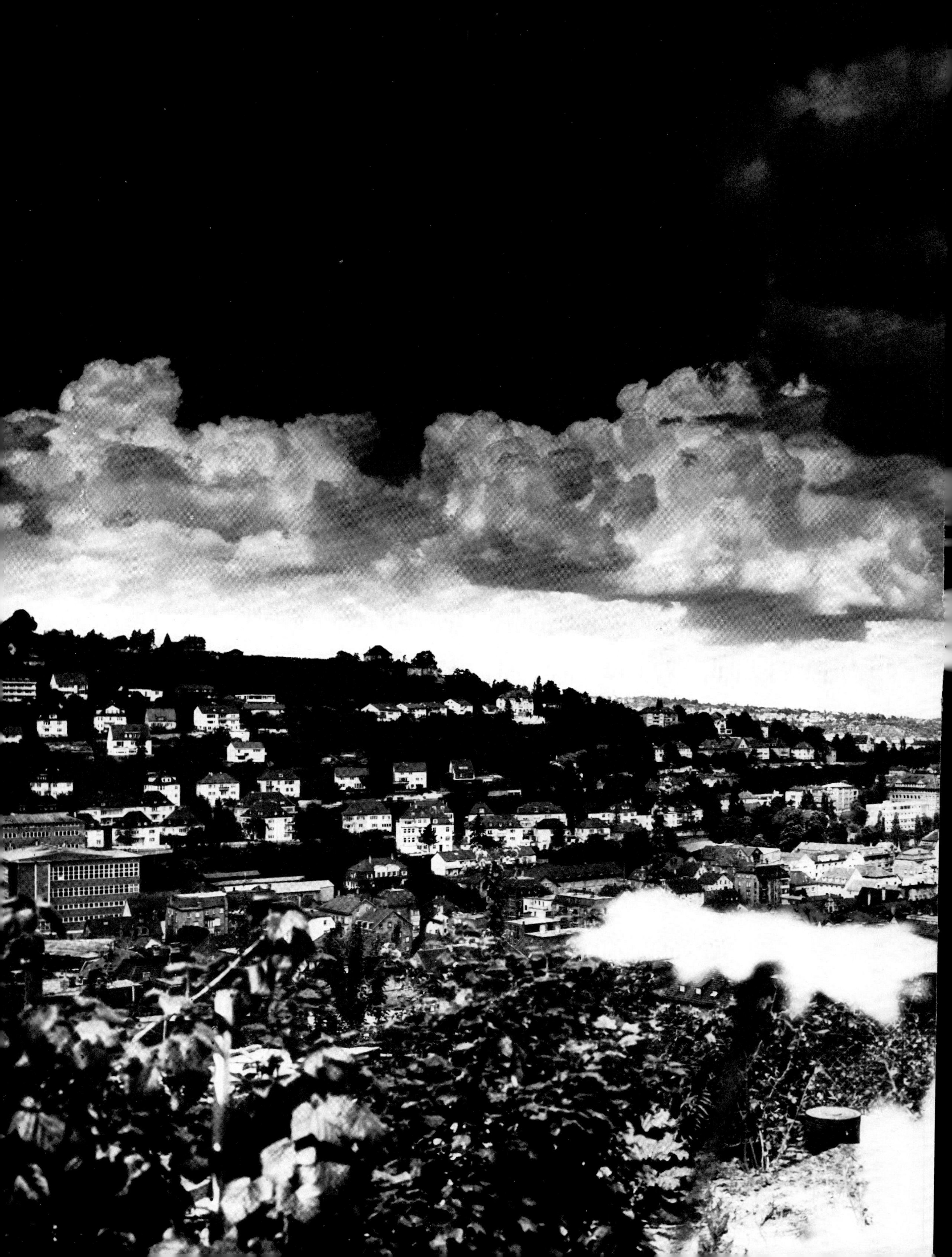

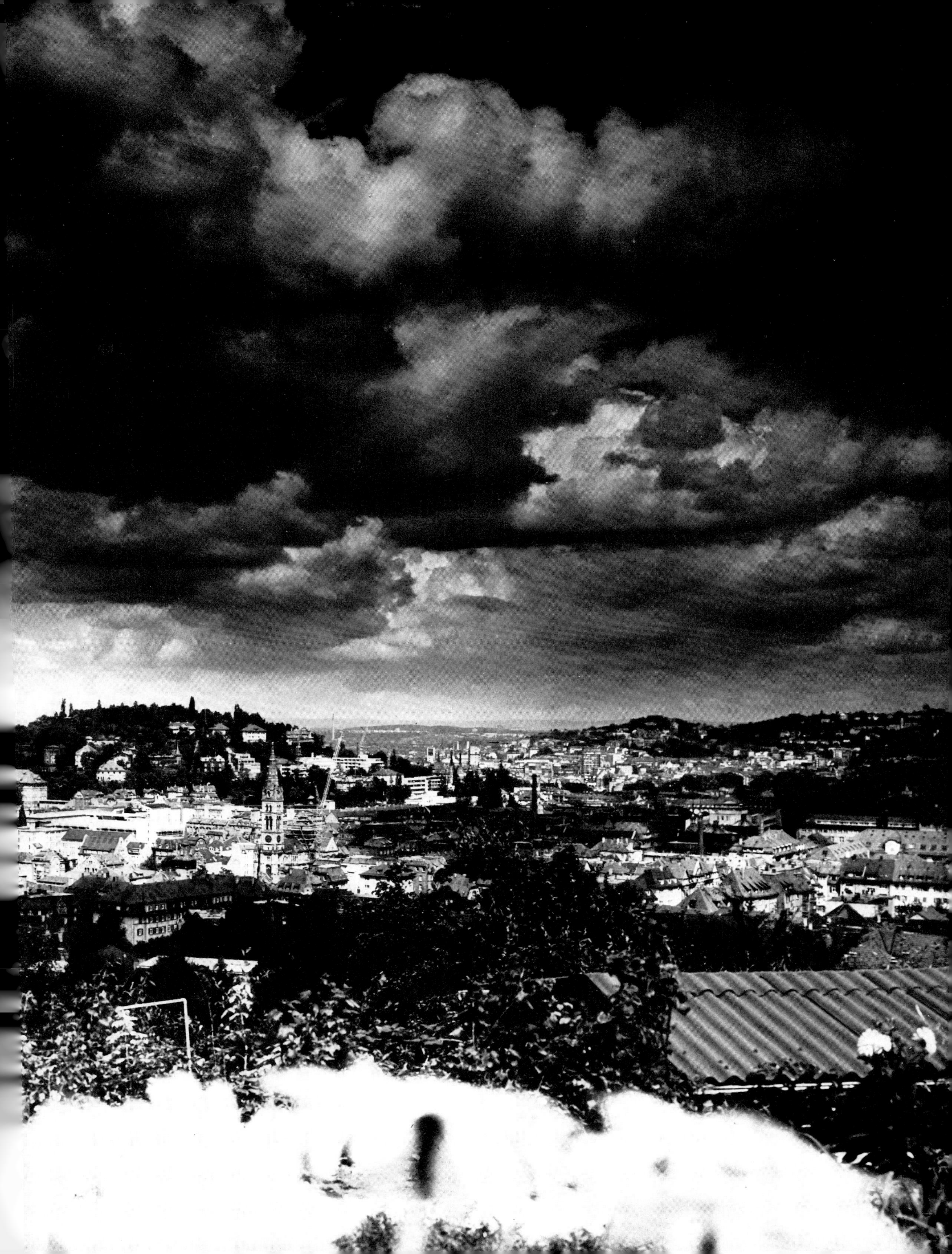

Seite 168/169   Dieser Blick über die Stadt schweift von Südwest nach Nordost. Der Standort ist etwas oberhalb Heslach. Rechts der Reinsburg, die ungefähr die Bildmitte ist, rücken alle Türme der Innenstadt in dieser Sicht dicht zusammen.

Page 168/169   On that picture the city is shown from south-west to north-east. It was taken somewhat above a hill in Heslach. On the right side the "Reinsburg", which is situated almost in the middle of the picture. All towers in the city center crowd together in this view.

Page 168/169   Cette vue d'ensemble de la ville va du sud-ouest au nord-est. Elle est prise d'un point situé un peu au-dessus de Heslach. A droite du Reinsburg, à peu près au milieu de la photo, toutes les tours du centre de la ville se serrent étroitement sur cette vue.

Alte Bäume und moderne Architektur vertragen sich gut und können schöne Bilder ergeben, wie hier auf halber Höhenlage im Westen der Stadt.

Old trees and new houses can harmonize very well, as it is seen here on the picture which shows one of the modern houses in the west of Stuttgart.

De vieux arbres et des ouvrages d'architecture modernes vont bien ensemble et peuvent former de belles images, comme sur cette photo prise à mi-hauteur dans l'ouest de la ville.

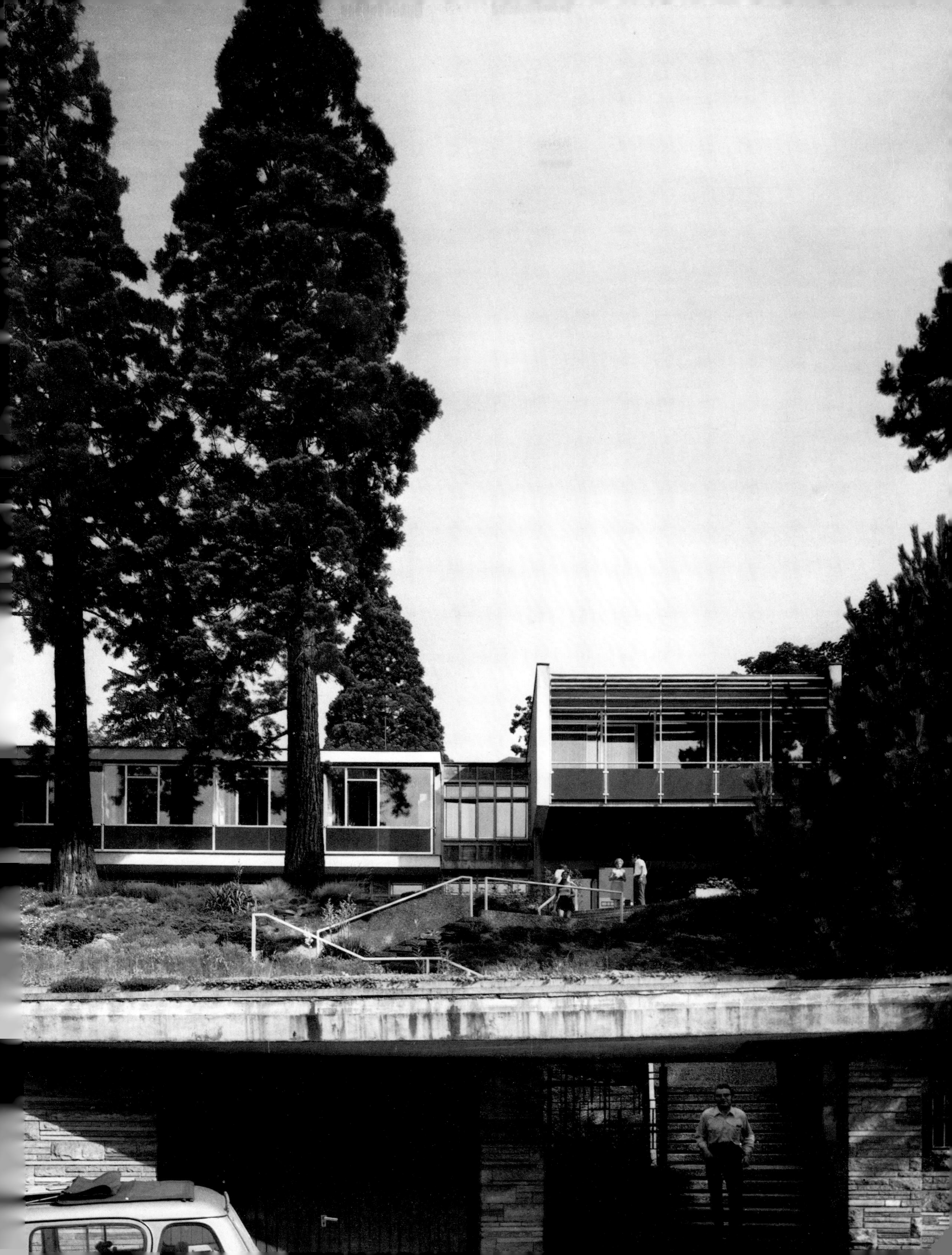

Seite 174/175 Das Feuerbacher Tal, von Feuerbach gegen Botnang aufgenommen, wo jetzt eine klotzige Bebauung das Tälchen zu sperren scheint. Sonst ein schönes Beispiel dafür, wie Wälder und Gärten noch weite Teile des Weichbildes bestimmen.

Page 174/175 The Feuerbach valley seen in the direction of Botnang, where large construction sites threaten to spoil this nice valley. But apart from that it is a good example for how many forests and gardens dominate in the picture of this city.

Page 174/175 La vallée «Feuerbacher Tal», photographiée dans la direction Feuerbach–Botnang, où de lourdes constructions semblent barrer la petite vallée. A part cela, un bel exemple comment les bois et les jardins dominent encore dans de vastes surfaces douces.

Brunnen machen immer Freude, selbst wenn sie im bombastischen Geschmack der Gründerjahre gestaltet sind, wie der Galatea-Brunnen auf der Eugensplatte; übrigens ist dieses üppig modellierte Bauwerk von einem gewissen grotesken Reiz.

Fountains always look nice, even if they are built to the taste of the promotion period, like the Galatea fountain on the "Eugensplatte". This bombastic fountain is attractive in its own way.

Les fontaines ont toujours leur charme, même quand elles sont construites dans le style ampoulé des années héroïques, comme la fontaine Galatea sur le plateau d'Eugensplatte. Ce monument enflé possède un attrait grotesque indéniable.

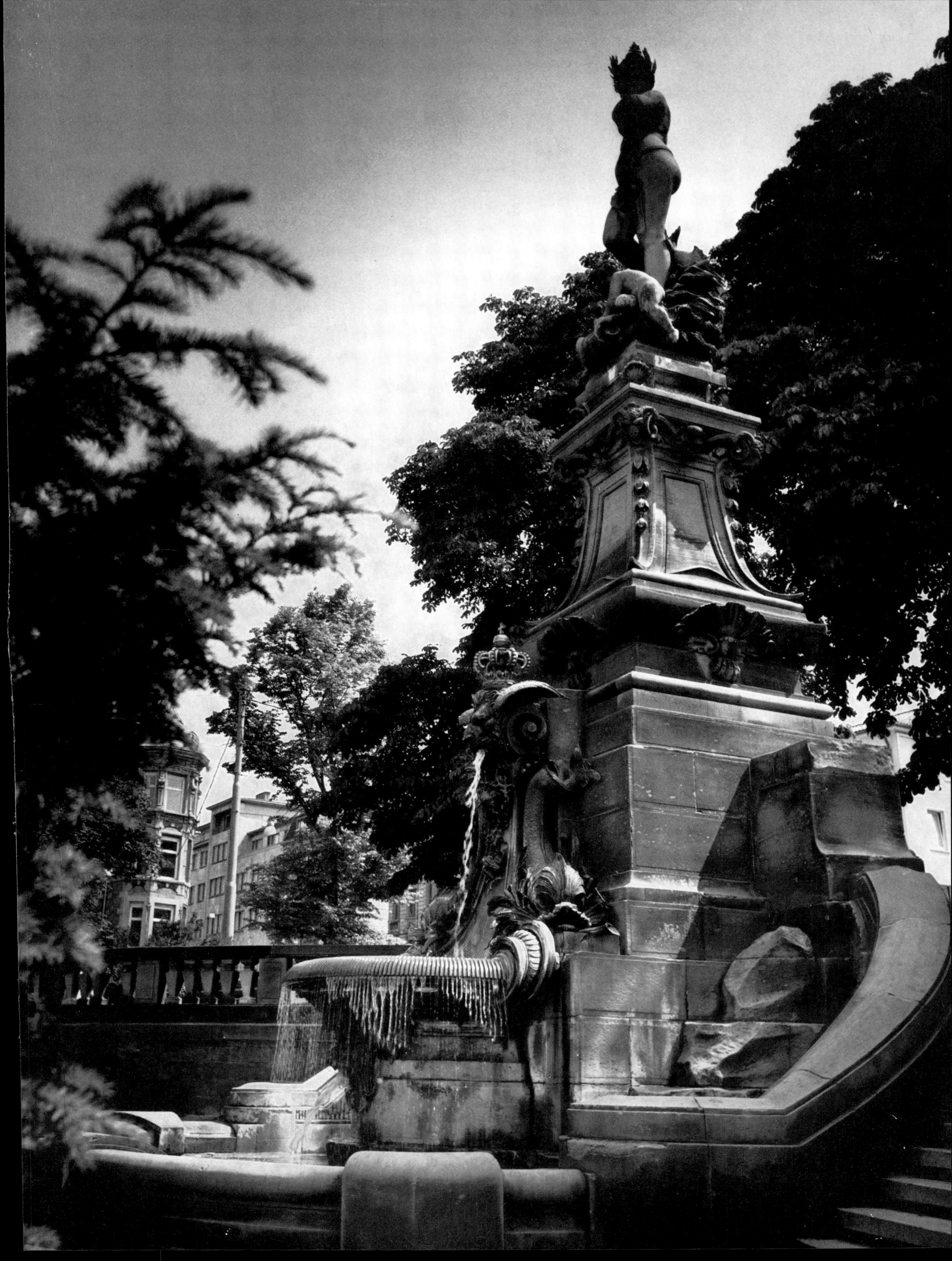

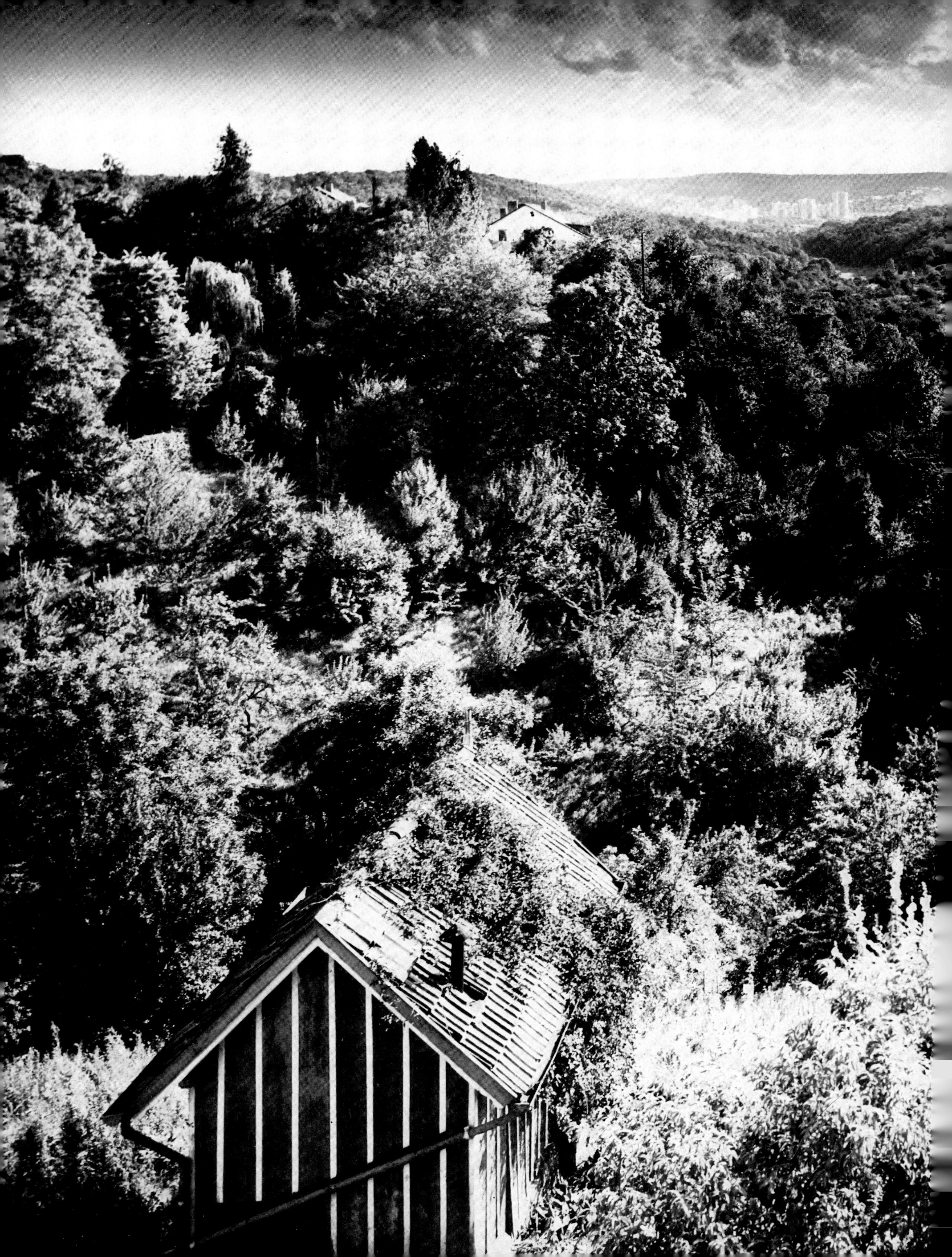

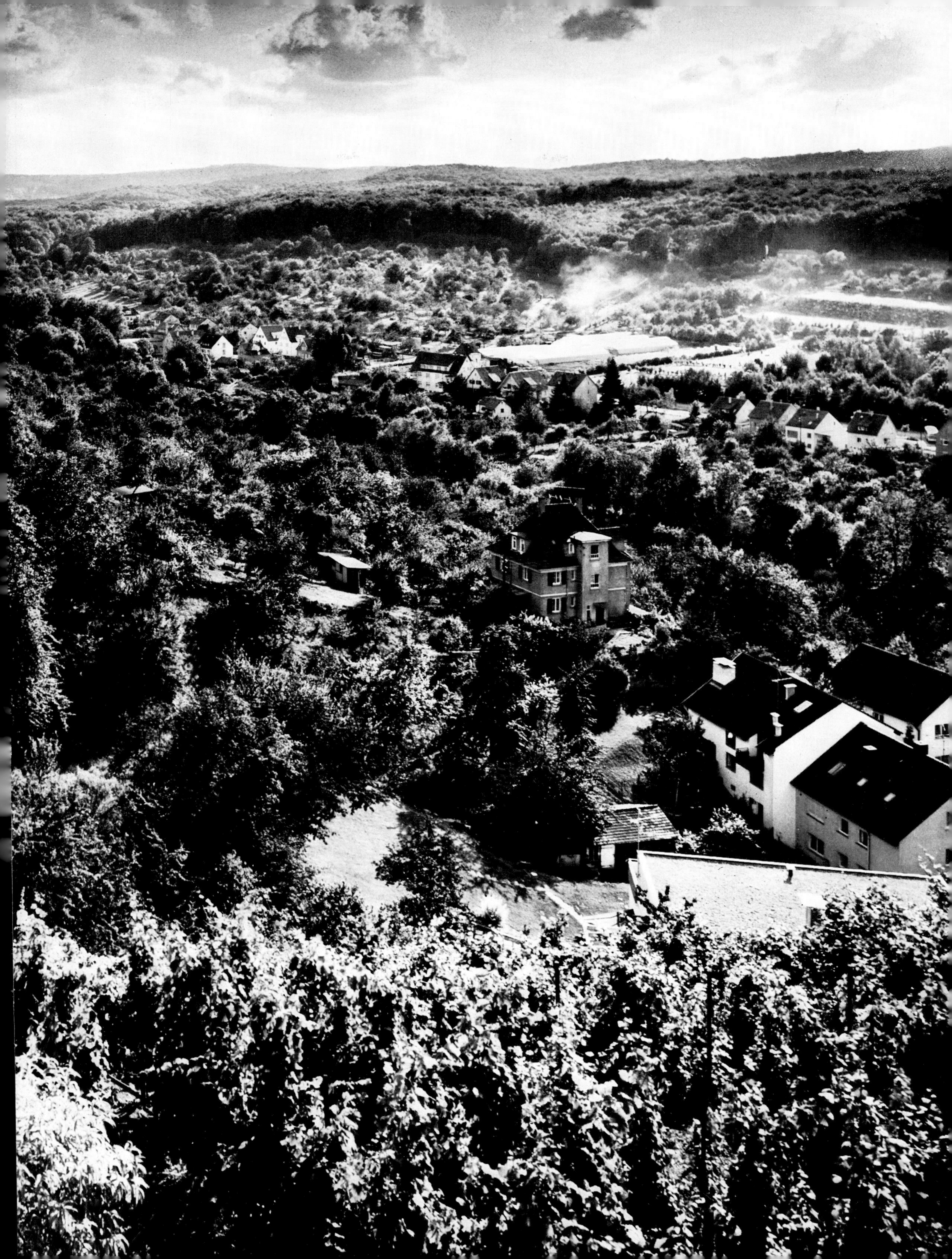

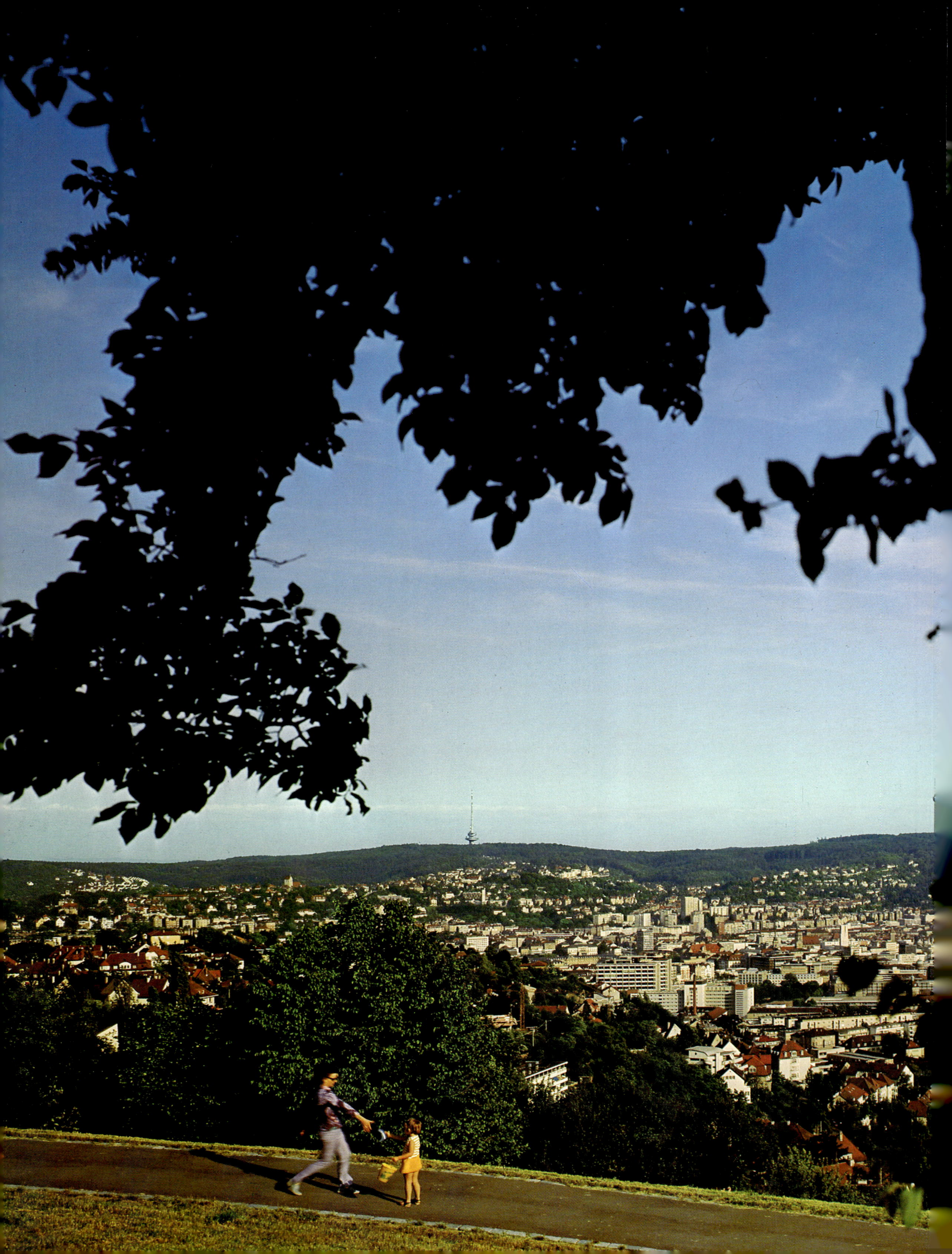

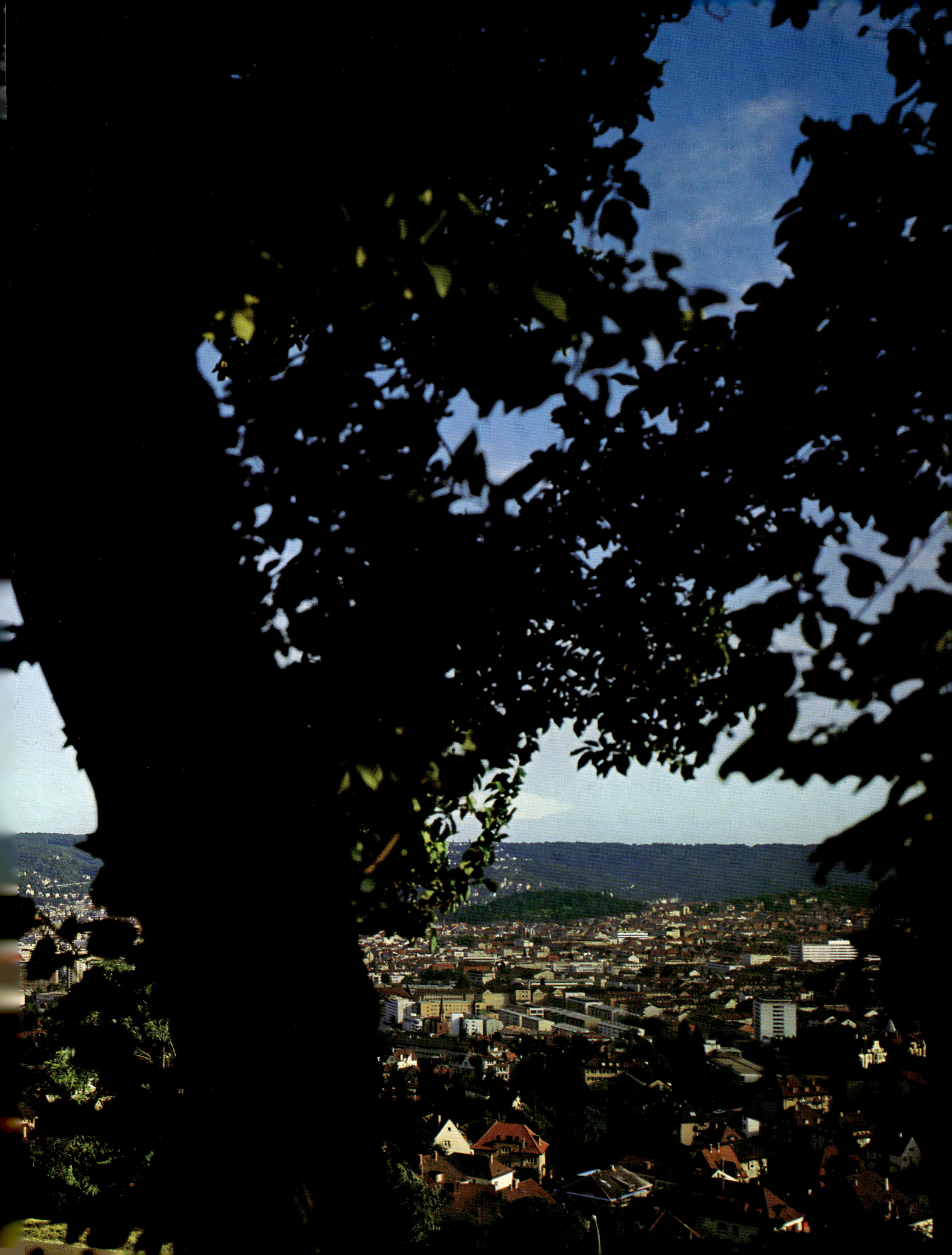

Seite 176/177 Das Panorama der Stadt, aus den Anlagen unterhalb des Bismarckturms gesehen. Aus dem langen Saum der Wälder, der den Horizont bildet, sticht in der Mitte der Fernsehturm heraus, „eine Säule, ein Mast, ein Speer, eine Lanze" (J. Jundt). Weiter links der Fernmeldeturm wirkt eher wie der Kommandoturm eines Schlachtschiffes. In der Mitte des Kessels sind Stiftskirche und Rathaus gut erkennbar.

Page 176/177 The panorama of the city, seen from the park near the "Bismarckturm". Out of the woods in the background the television tower looms large which is often called a "pillar, a spear or even a lance" (J. Jundt). The telecommunication tower on the left side in the picture rather seems to remind for a conning-tower on a battleship. In the middle of the photo, the "Stiftskirche" and the town hall are to be seen clearly.

Page 176/177 Le panorama de la ville, contemplé des jardins en bas de la Bismarckturm. De la longue bordure de forêts qui forme l'horizon, se détache au milieu la tour de télévision, «une colonne, un pylône, un dard, une lance» (J. Jundt). Plus à gauche, la tour de télécommunication a plutôt l'air de la tour de commandement d'un navire de guerre. Au milieu de la dépression, on distingue nettement la cathédrale (Stiftskirche) et l'hôtel de ville (Rathaus).

Die raumraffende optische Linse schiebt den Stadtkern zusammen, der vom Fuß des Bopsers in nördlicher Richtung überblickt wird. Wilhelmsbau, Rathaus und Stiftskirche bestimmen die Mitte. Im Hintergrund sind zwei der letzten Weinberge der Innenstadt erkennbar. Rechts im Bild ist die Reblage, in der sich die Industrie- und Handelskammer, gleich hinter ihrem Sitz, ihren eigenen Wein baut.

The zoom-lense brings together the center of the city, which is seen here from the Bopser in northern direction. Wilhelmsbau, Rathaus and Stiftskirche are dominant in the center. Two of the last few vineyards of the town are shown in the background. On the right side the vineyard is located where the Chamber of Commerce (situated in front of it) is growing its own wine.

La lentille de concentration optique presse étroitement le noyau de la ville qu'on embrasse du regard du pied du Bopser vers le Nord. Wilhelmsbau, Rathaus, Stiftskirche constituent le centre. A l'arrière-plan, on distingue deux des derniers vignobles du centre de la ville. A droite, les vignes où la Chambre de commerce et d'industrie fait mûrir son propre vin, derrière ses locaux.

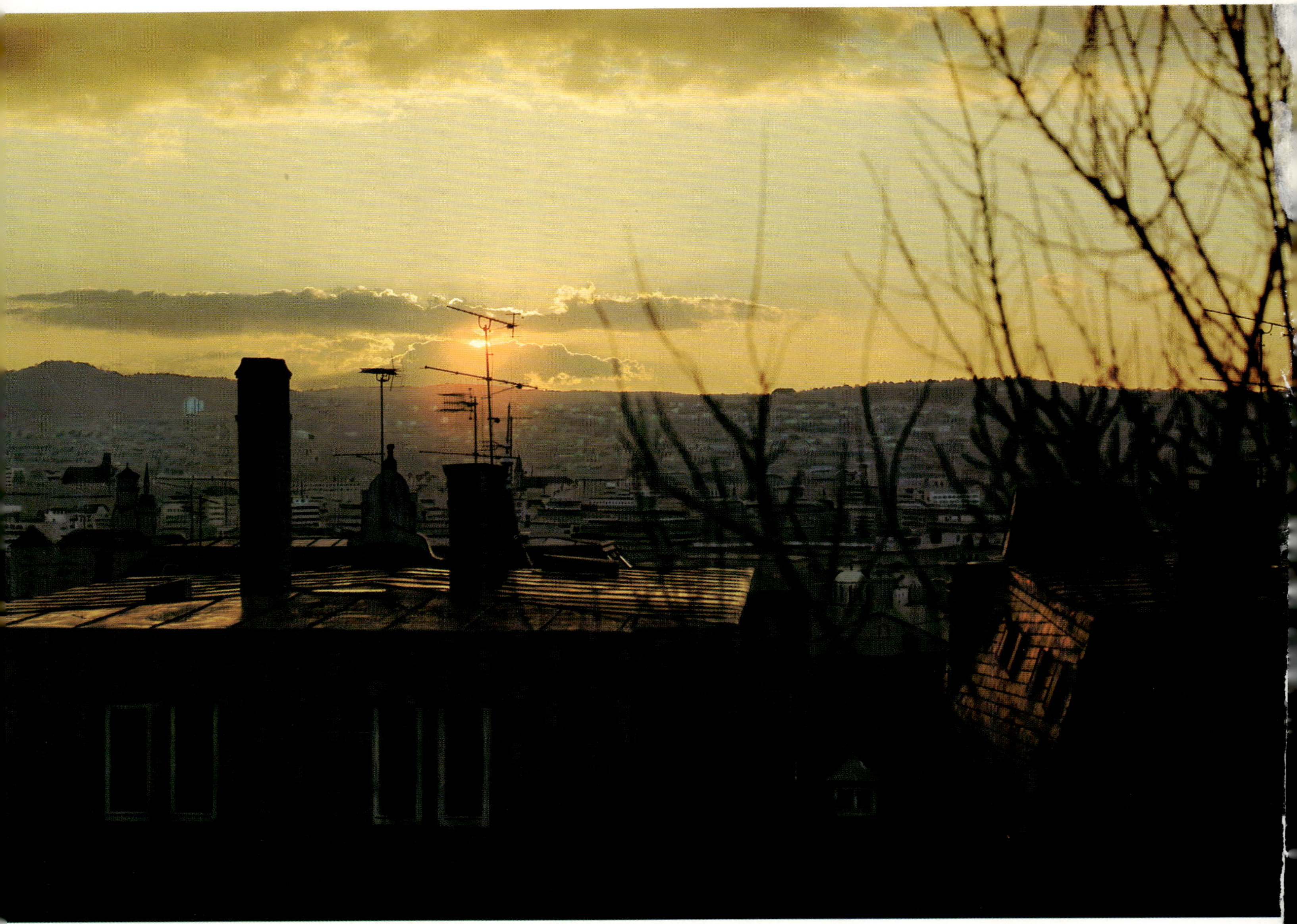

FEUERBACH
HÖHENPARK
KILLES
BERG
ROSENSTEIN-PARK
Wilhelma
Schloß Rosenstein
PRAG-FRIEDHOF
HAUPTBAHNHOF
Katharinen-Hospital
Universität
HOPPENLAU FRIEDHOF
STADT GARTEN
Liederhalle
SCHLOSS-PLATZ
Neues Schloss
AKADEMIE GARTEN
Altes Schloss
Staatstheater
Staatsgalerie
Landtag
CHARLOTTEN-PL.
Rotebühl-Bau
FEUERSEE
KARLSHÖHE
FANGELSBACH-FRIEDHOF
HESLACH
Marien-Hospital
BOPSER-ANLAGEN
WERNHALDE
HOHER BOPSER
Fernsehturm
Sternwarte
UHLANDS-HÖHE
Staats-Min.
Bismarckturm
DOGGENBURG
Weißenhof
Kriegsberg